MARCELLO DEFILIPPO

CONCORSO VINCENTE

Come Vincere Un Concorso Per Le Forze Armate e Di Polizia, Per Enti Pubblici E Privati Anche Se Non Sai Da Dove Iniziare

Titolo

"CONCORSO VINCENTE"

Autore

Marcello Defilippo

Editore

Bruno Editore

Sito internet

http://www.brunoeditore.it

Sommario

Introduzione

Ancora non lo sai, ma sarà mia accortezza farti vincere. Ti hanno detto che devi essere raccomandato, fortunato, sperare che si incastrino bene le cose o che non sarai tu a fare la differenza? Bugie!

Hai preso questo libro in mano perché non sei di sicuro parte della moltitudine di candidati che si accontenta di "provare" e hai realmente l'intenzione di vincere un concorso e nelle Forze Armate, nelle Forze di Polizia dello Stato o in enti pubblici e privati, non solo diventare idoneo.

Lo sei nel momento in cui passi tutte le fasi, ma la vittoria ti spetta solo se ti classifichi tra i primi all'interno di una graduatoria dove tutti sono idonei. Posso dirlo perché ho competenza nel settore e ci sono passato, prima da candidato e poi da "braccio" all'interno di sistemi di selezione di più concorsi pubblici.

Continuando a leggere il manuale ogni cosa sarà sempre più chiara e verrai a conoscenza del processo mediante il quale vincerai. Ti darò tutti gli elementi di cui hai bisogno per sentirti a tuo agio, ti svelerò i retroscena e i "trucchi" del mestiere per fare la tua bella figura e provare soddisfazione. Tutte cose che a me nessuno aveva detto e che avrebbero fatto la differenza.

Ti sto regalando la scorciatoia che a me è costata quasi cinque anni di concorsi persi e migliaia di euro di spese sostenute tra visite mediche, testi, allenamenti e tentativi. Devi sapere che il sistema di selezione degli enti pubblici è in continua evoluzione a causa delle leggi, delle esigenze della Pubblica Amministrazione (PA) e dei candidati che partecipano.

È un'antica macchina, che supporta con la propria logistica un gran numero di cittadini aventi diritto, con tutte le loro peculiarità. Se non è perfetta, comunque manifesta forza, organizzazione ed esperienza: come tale va rispettata. Non dico di non mettere in dubbio la natura umana dello staff responsabile, ma sicuramente abbi fede che ci sarà sempre l'occasione per farti valere.

Le basi fondamentali di questo manuale valgono in un concorso per arruolarsi nelle Forze Armate e di Polizia, come in un concorso pubblico in genere o in un processo selettivo presso un'azienda privata. Utilizzalo sempre, soprattutto a livello professionale o di performance, anche una volta che hai vinto, quando sostieni un esame, quando una qualsiasi prova della vita ti si pone d'innanzi e non sai come gestirla.

Secondo la mia esperienza, secondo le indagini che svolgo sondando le testimonianze di chi come me ce l'ha fatta e secondo gli studi reperibili presso fonti accertate come Università e centri di ricerca del settore, il tuo risultato è la conseguenza di un processo che ha tenuto conto per l'85% del tuo "assetto mentale" e per il 15% delle tue "competenze" (trattandosi di un concorso, si parla della tua preparazione fisica e/o culturale).

Te lo aspettavi? Ti stai rendendo conto che tutte le cose che ti hanno riferito o hai dedotto fino a ora sono fandonie? Lo so che ancora non mi credi o che hai dubbi e il mio scopo è quello di portarti a un livello tale di consapevolezza del fatto che l'assetto mentale è praticamente tutto, che guadagnerai la piena certezza di poter vincere.

Te lo dico io che ce l'ho fatta, che non ho mai avuto nessuno e che ho basato tutto su questa percentuale. Ho scoperto che anche chi ha seguito questa regola inconsapevolmente oggi indossa un'uniforme, testimonianze vere, di persone che ci sono passate, uomini e donne che oggi sono fieri di fare quello che fanno, ma che non avrebbero mai coronato il loro sogno se non avessero utilizzato questa semplice proporzione.

Molti sono pronti a dirti che ci sono riusciti per fortuna o per casualità con una loro versione personale, ma quando si parla di assetto mentale, ammettono tutti una linea comune. Da qui parte il mio studio e in base a esso la mia garanzia che tu vincerai il concorso grazie a questo equilibrio.

Ad oggi hai le convinzioni e i preconcetti che sono inculcati nella mente di chi viene da fuori, non ha esperienza sul campo, non ha fiducia oppure ha semplicemente trovato una scusa da raccontarsi per non esserci riuscito.

Anche io ho avuto un momento in cui ho pensato che potessero vincere solo i "raccomandati" e ha fatto la differenza, perché quella volta, per una manciata di posti, non mi sono classificato tra gli idonei vincitori di un concorso di cui le dinamiche ti verranno spiegate. Voglio evitare che tu debba affrontare le difficoltà che ho affrontato io, preparandoti a quando sbatti la testa, ti sembra di non essere in grado di rispondere a un'obiezione, di non saperti comportare nel gruppo e a quando l'ansia e la frustrazione arrivano al picco.

Vinci solo grazie a tre elementi: la tua volontà nel vincere il concorso, la tua consapevolezza maturata in base ai concetti del presente manuale e il suo esercizio pratico. Svilupperai tutti e tre soprattutto con gli esercizi che ti regalerò. Devi comprendere alcuni concetti per affrontare il manuale e farlo fruttare al meglio per creare e poi attraversare il ponte tra il "te di adesso" e il "te vincitore".

Da quando siamo bambini, ci insegnano che per imparare è necessario studiare la teoria, poi fare gli esercizi così da crearci la nostra esperienza. Quasi mai i nostri "insegnanti" ci educano sull'approccio mentale per affrontare una determinata materia di studio o una semplice prova della vita: è una nuova opportunità di apprendimento che nasce prima del mero imparare qualcosa.

Per spiegarti, l'approccio mentale che hai per leggere le istruzioni di montaggio di un mobile non è lo stesso che hai avuto o hai a scuola per leggere un libro di storia o di matematica. Se affronti una lettura composta da una serie di istruzioni da interiorizzare e applicare, ti viene molto più semplice imparare ed eseguire, perché il tuo corpo e il tuo cervello non sono fatti per la teoria, ma per mettere in pratica.

Con questo metodo il manuale funge da mezzo che ti permette di "transitare" dalla tua situazione attuale a quella desiderata, ma non c'è passo verso di essa senza un processo che ti ci porti, cioè la successione temporale di azioni da compiere in modo pianificato. La situazione desiderata è il tuo obiettivo e, per far sì che le tue azioni ti ci portino, focalizzalo e definiscilo chiaramente nella tua mente.

Non è difficile se pensi che l'essere umano può definire un solo obiettivo alla volta. Immagina un arciere. Egli non si sofferma a osservare contemporaneamente i singoli punti del percorso che la freccia deve attraversare nell'aria.

Se lo facesse, sicuramente non metterebbe a fuoco il bersaglio perché dovrebbe fare qualcosa di disumano: calcolare il passaggio del dardo per ogni singolo punto del suo percorso, focalizzandoli tutti assieme. Non ti preoccupare, ti renderò chiaro l'obiettivo e come pianificare tutto per raggiungerlo, poiché sono innumerevoli le testimonianze delle persone là fuori che hanno ottenuto ciò che volevano nella loro vita o che sono riuscite a vincere un concorso grazie al fatto di averlo avuto chiaro già da prima di iniziare.

Prendi esempio da loro anche per il fatto che non si sono mai fermati a pensare per nessuna ragione, seguendo esclusivamente le istruzioni che si sono prefissati. Tutti i vincitori sanno che più pensi, più ti metti in discussione, più ti metti in discussione e più dubiti delle tue capacità perdendo tempo dietro a fallimenti che si potevano evitare.

Se ti fermi a pensare è perché cerchi di interpretare e lo fai a causa dei tuoi preconcetti, quelli che avevi già da prima di affrontare questo manuale. I tuoi preconcetti fanno sì che cominci a formulare dei tuoi punti di vista perché vuoi spiegarti le ragioni delle nozioni o degli esercizi che ti propongo.

Pensa se tu avessi dubbi o non fossi d'accordo su una parte di quello che ti mostro: perderesti un sacco di tempo a trovare e poi sperimentare una possibile interpretazione da te ideata che magari non è vincente. Spassionatamente ti dico di evitare, esegui e basta perché sono sicuro che la mia è al 100% "la soluzione vincente", anche per il tuo specifico caso. Nonostante tu non debba perdere tempo, prenditi quello che ti serve per leggere il manuale e fare gli esercizi: leggi e rileggi, prendi appunti, studia, fai gli esercizi, comprendi, assorbi tutto ed immagina di essere una spugna perché qui hai cibo per il tuo cervello così da creare il tuo domani.

Affrontandolo con le istruzioni che ti ho dato, vien da sé che non ti conviene saltare nulla di ciò che ho scritto: tutto è un susseguirsi di una meticolosa e temporale sequenza di esercizi, così da evolverti di parola in parola e di pagina in pagina. Il manuale è già una scorciatoia, non creartene nuove da te. Sfrutta i riepiloghi schematici di ogni capitolo composti di 4 o 5 punti chiave.

Capitolo 1:
Come raggiungere il tuo obiettivo

La mia vita è solo un altro modo per chiarirti cosa intendo con "evoluzione" e "approccio mentale", mostrandoti quei processi concreti e quindi attuabili da te, anche quando non sai da dove iniziare. Non voglio farti vedere che io sono migliore di te, semplicemente voglio svelarti i miei stratagemmi, quei meccanismi che hanno portato me alla vittoria del concorso.

Ogni passo, esempio e testimonianza sono puramente mirati a farti comprendere come agire. Ho semplicemente steso gli eventi che penso mi abbiano portato a ciò che ho ottenuto fino a oggi.

I primi anni di vita

Sono nato in un piccolo paese in provincia di Alessandria con poco più di duemila anime. Uno di quei luoghi dove le persone, da quando sei al mondo, ti fanno credere che la vita è preimpostata: studi, lavori, vai in pensione e muori contornato da parenti e amici. Anche in un piccolo paese tutto ciò serve solo a illudere la tua mente poiché la realtà è tutto un altro dire. La tua visione delle cose reali è appannata per renderti cieco di fronte a una via alternativa, così da farti rinunciare a ciò che davvero vuoi per te stesso, quel qualcosa in più che la natura ti ha concesso.

È di questo che ti parlo, ottenere un po' di più rispetto al mero vivere nella tua micro-realtà, che sia quella di una città o quella di un piccolo paese, aspettando che il vento delle circostanze ti diriga lì dove tutti ti dicono che è giusto andare.

Un ottimo strumento che la comunità attorno a te utilizza per distrarti sono i pettegolezzi. Tutto ciò che ti hanno detto fino adesso sono solo pettegolezzi che ti distolgono da ciò che tu vuoi, direzionando il tuo sguardo verso la vita di altri.

Mentre ti spacchi in due per ottenere ciò che vuoi, c'è sempre qualcuno che ti dice che non ce la farai per colpa dei motivi che tu già pensi: "Ce la fanno solo i raccomandati, guarda quello!", "Troppa gente che fa il concorso, perché proprio io dovrei farcela?", "Mai nessuno che ho conosciuto prima ce l'ha fatta e chi conosco sicuramente è stato furbo o è stato aiutato…" o altro ancora.

A questo punto puoi decidere se farti trasportare da queste dicerie o prendere in mano la tua vita e andare dove vuoi. Non c'è posto se vuoi "provare", se scegli una via alternativa nel caso in cui non riuscissi, non c'è posto per te in questo concorso.

Ho voluto iniziare dai pettegolezzi anche perché da sempre, io e la mia famiglia ne siamo stati oggetto. È la nuda e cruda realtà di una tipica famiglia italiana che ha i suoi alti e bassi e che le persone intorno giudicano per ogni cosa che le accade. Non è vittimismo ma una constatazione di fatto e non curarsene è la migliore difesa.

Abituato ai pettegolezzi e alle brutte situazioni che si sono create a causa di questi ultimi, non mi è stato difficile capire che nella vita il verbo "provare" non andrebbe neanche messo nella stessa frase con il verbo "riuscire".

Cosa è successo nello specifico? Quando avevo 4 anni, nel 1994, le cose tra i miei genitori non sono andate per niente bene, tant'è che mio padre se n'è andato di casa. Anche nel nord Italia in quegli anni non era usuale la separazione, cosa che adesso è all'ordine del giorno. Puoi immaginare la lingua del paesano medio e dell'anziano che cominciano a mormorare. La cosa che però ha condizionato la mia esistenza è stata la mancanza di una figura paterna per oltre 14 anni, ho riallacciato i rapporti solo dal 2009, all'età di 19 anni.

Nel 1996 eravamo io e le mie due sorelle più grandi a dover essere sfamati, così mia madre, senza lavoro, si è rimboccata le maniche per non farci mancare il pane. Il problema è che non riusciva a lavorare perché doveva badare a noi e, provenendo da Roma, non aveva nessun parente vicino che l'aiutasse a gestirci e mio padre se n'era andato ben lontano.

Quello che ancor più ha condizionato questa situazione è stato che, per anni, non ci sono arrivati gli alimenti. Trovare lavoro non era facile per una donna di 40 anni che per 20 anni aveva sempre fatto la casalinga, quindi l'unica strada è stata l'elemosina e qualche lavoretto saltuario.

Ricordo gli amici che portavano patate, frutta, verdura dell'orto, ricordo il pacco di Natale e della Croce Rossa o la fila alla mensa per i bisognosi. Avevamo ancora una casa di proprietà, una villetta a due piani con giardino, niente di particolare: per più di 2 anni siamo rimasti senza elettricità e senza acqua calda, facevo i compiti a lume di candela e ci lavavamo scaldando l'acqua con la legna della stufa. La legna era il regalo di un amico cui ne avanzava qualche quintale ogni anno, la spaccavo anche io con l'accetta, avrò avuto al massimo 5 o 6 anni.

Nel 1998 mia sorella più grande è andata via di casa per vivere con mio padre. Nel 2000, rimasti soli io, mia madre e mia sorella mediana, abbiamo preso un'altra batosta: sfratto esecutivo perché nessuno stava più pagando il mutuo della casa e così siamo rimasti in mezzo a una strada.

Per fortuna il prete del mio paese ci ha aiutati pagandoci per un anno l'affitto in un appartamento che ancora oggi scherzosamente chiamiamo "piccionaia", perché era letteralmente infestata dai piccioni, tant'è che la mattina trovavo sempre le uova sul davanzale della finestra.

La cosa ci faceva sorridere e ci sollevava un po' il morale, in una situazione in cui in casa non erano presenti neanche i riscaldamenti.

L'inverno tra il 2000 e il 2001, tutti e tre abbiamo dormito e trascorso le nostre giornate in un'unica stanza, su di un materasso matrimoniale a terra, scaldandoci con una stufetta a cherosene di cui conservo ancora l'odore nella memoria. Sopra mettevamo a bollire l'acqua per il tè o per poterci lavare.

In quel periodo avevo 10 e 11 anni, dopo la scuola lavavo le macchine presso un distributore di benzina, da un'amica di mia madre per cinque o diecimila lire. In quegli anni, non dimentico il pregiudizio nei miei confronti da parte di tutti gli amici coi quali sono cresciuto. Feste di compleanno alle quali non sono stato invitato, pomeriggi passati a litigare con i miei compagni di classe che mi prendevano in giro perché non avevo una famiglia vera, discriminazioni per via di ciò che i bambini avevano udito dai genitori e senza contare il mio sovrappeso (pesavo 45 kg a soli 6 anni).

La scuola quindi è stata un ambiente ostile per me e non avevo intenzione di frequentarla, così mi sono comportato male cercando le attenzioni di tutti: le lavate di capo da parte delle povere maestre che mi hanno sopportato e di mia madre non hanno tardato ad arrivare. Tutti in coro a dire che io non sarei mai riuscito in nulla, che la mia vita era destinata a fallire perché non mi ero impegnato a scuola.

Ricordo le parole di una maestra in particolare dopo che un mio compagno di classe le aveva riferito che io non mi ero comportato bene. Lei ha detto: "Con Marcello non mi preoccupo neanche più e non lo riprenderò più, ormai è una causa persa e so di sicuro che le cose non cambieranno, così come è stato con sua sorella" (la mediana era stata una sua allieva pochi anni prima e le aveva dato problemi simili, se non peggiori).

Avevo 8 anni e lo ha detto di fronte a tutti, ecco come mi sono sentito: "Come potrei mai avere la forza di stabilire rapporti sani con quei bambini che hanno sentito cosa la maestra e i loro genitori pensano di me? Che pregiudizi dovrò abbattere ogni volta che mi dovrò interfacciare con loro?".

Qui è venuta fuori una delle caratteristiche che potrà fare la differenza quando sarai buttato giù da tutto e tutti: capire che mentre tutti dubiteranno sempre di te, l'unica costante sarà ciò che tu pensi di te stesso. Nonostante la mia tenera età, nonostante lo stato mentale che ho manifestato, ho pensato a una sola cosa: "So di non essere così, so che loro non conoscono la mia situazione, so che valgo di più di quanto dicono e un giorno avrò tutto dalla vita, non per dimostrarlo a loro, ma perché sono l'unica costante della mia vita".

Non sto scherzando, mi rivolgo a te che spesso dai per scontato tante cose e che tutto sia fisso. Non è così, tieniti aggrappato sempre e solo allo scoglio di te stesso. Quando le cose vanno male e arrivano le onde più alte, solo il tuo scoglio potrà sorreggerti, ma devi sapere come aggrapparti e avere una presa salda. Per questo è indispensabile riprogrammare la tua mente e soprattutto ciò in cui credi, perché è ciò cui ti aggrappi.

Qui ti aprirò gli occhi proprio su questo nella pratica, un concetto che mi è servito da quando ero piccolo, affinché tu non debba passare le stesse esperienze e metterci lo stesso tempo per apprenderlo, per non essere costretto a farcela solo a causa di circostanze gravi o quando sei messo all'angolo e magari rischiare di sbagliare perché preso alla sprovvista. In quegli anni ho frequentato la palestra di judo del mio paese e devo dire la verità, anche i miei maestri molto spesso non mi hanno risparmiato in tirate di orecchie, però una cosa che sicuramente non hanno potuto nascondermi era ciò che questa disciplina, dal punto di vista di significato, mi ha regalato.

Oggi non ce l'ho con nessuno dei miei maestri, anzi li adoro in quanto mi hanno aiutato quando ho avuto anche serie difficoltà, ma perché ho saputo reagire spontaneamente in maniera positiva alle brutte situazioni in cui la mia vita mi ha messo. Sembra che io vada contro ciò che ti ho appena detto, in realtà non è così.

Oggi ringrazio la maestra che mi ha rivolto quelle parole perché mi ha messo di fronte alla realtà delle cose viste con gli occhi degli altri. Ha scoperto le carte, come se giocando a scacchi mi avesse fatto vedere le sue prossime mosse. Ho capito ciò che gli altri stavano pensando di me, ho cominciato a chiedermi perché lo pensavano e questo ha fatto l'ennesima differenza.

Quando sei alle strette chiediti perché ti ci trovi e se qualcuno ti aiuta dicendotelo, chiarendoti la tua situazione, allora ti è facile capire dove sbagli per correggerti. Correggiti, ma non per far sì che gli altri abbiano ragione o per essere ben accolto da loro, ma perché vincere un concorso, come qualsiasi altra cosa nella vita, è solo una questione di sapersi rapportare con le persone, di capire quei meccanismi che fanno in modo che tu possa raggiungere ciò che vuoi.

L'arte di saper essere accettati ti porta al risultato desiderato ed essendo una capacità, si impara. Tienilo bene a mente, perché col susseguire dei capitoli è una delle cose fondamentali su cui baserò il tuo processo di apprendimento. Hai sicuramente dedotto un'altra lezione: non avercela mai con chi ti fa stare male o ti fa un torto, anzi ringrazialo perché sarà uno di quei gradini (e non di quegli ostacoli, nota bene) che ti portano verso il tuo obiettivo.

Puoi chiedere alle persone che mi circondano oggi e scoprirai che nessuna di loro ce l'ha con me, ma soprattutto che tutt'oggi non ce l'ho con loro, gli parlo e tante volte vi stringo relazioni importanti. Tutt'oggi ho riallacciato il rapporto con mio padre perché ho capito l'importanza delle parole che ti sto dicendo: divengono importanti solo quando le applichi, prima sono solo parole. Precedentemente ti ho parlato del judo perché mi ha dato una grande mano nel capire queste fondamentali regole, ma soprattutto come applicarle nella pratica a mio vantaggio con il minimo sforzo e la massima resa. Da più di 25 anni pratico questa nobile arte marziale con adulti, bambini e anziani, trasudando e metabolizzando esperienza sia nella palestra che nelle gare e imparando a vedere la mia vita come un percorso: il cosiddetto "DO" che forma la parola "JU-DO" (cammino, percorso, strada o via).

Il mio cammino mi ha portato a veder erigere una nuova pietra miliare nel 2001, quando finalmente ci è stata assegnata la casa popolare del mio paese. Subito contenti ci siamo resi conto che le cose possono migliorare solo con la forza di volontà, la stessa che ha avuto mia madre nell'andare avanti. Quando però vuoi raggiungere l'obiettivo solo perché sei costretto e non hai alternative, come nel suo caso, che voleva aiutare i figli a tutti i costi per non lasciarli in mezzo a una strada, comporta inevitabilmente degli errori di valutazione.

Arrivando la necessità all'improvviso non puoi pianificare, non sei preparato, non hai i mezzi adatti e quelli che hai non sono affilati ed ecco che fai il passo più lungo della gamba. Non puoi intraprendere un percorso come quello di un concorso se non sei tu stesso ad averlo pianificato e pensato, se lo fai solo per una serie di circostanze improvvise oppure se qualcuno che non sei tu se lo aspetta da te. Accade anche con lo studio, il lavoro e ben altro di più importante.

Io ho commesso questo errore e oggi posso dire di aver perso tempo dietro a queste persone e dietro a tutti quei "doveri", come li hanno definiti loro. Alla fine, "loro", quando ci sono stati problemi, si sono tirati indietro, mi hanno criticato, deriso, ostacolato oppure non hanno avuto le competenze per aiutarmi a ottenere ciò di cui ho avuto bisogno. Non avercela con loro, come diceva il presidente americano Abraham Lincoln: "Non criticateli, perché noi al loro posto faremmo altrettanto".

Se in questo momento sei alle strette, già il fatto che tu abbia preso in mano questo manuale significa che vuoi vincere un concorso e che sai che ti servono dei mezzi che adesso non hai. Io te li darò. Tornando alle mie vicissitudini, quando tutto è apparso migliore, mia madre si è ammalata gravemente a causa delle condizioni delle due case precedenti, divenendo quasi totalmente invalida (abbiamo vissuto come nel medioevo). Ecco il problema improvviso cui non ci siamo preparati, infatti è divenuto sempre più difficile pagare un affitto, così siamo rimasti indietro di molte rate e dopo pochi anni non ha esitato ad arrivare il primo sfratto esecutivo.

Tutto questo nonostante io l'estate facessi qualche lavoretto, per esempio a 16 anni ho lavorato come uomo di fatica, mentre a 18 per un ristorante come fattorino porta-pizze: come può fare un ragazzo che ha preso la patente il giorno prima e frequenta il Liceo, portare le pizze con un'automobile ogni sera dalle 18.00 alle 23.00? Io l'ho fatto e ogni volta che mi si è presentata un'opportunità di guadagnare anche il minimo, l'ho fatto perché sapevo che avevamo bisogno e che sarebbe stata un'altra esperienza da portare a casa.

Questo è un altro approccio che mi ha sempre aiutato e che ti aiuterà. Ripeti ad alta voce: "Questa è un'altra esperienza da portarsi a casa! Che vada bene o vada male, in ogni caso la mia esperienza l'ho fatta! Che mi piaccia o no, che mi sia piaciuta o meno, che sia andata bene o male, l'ho fatta e ho imparato!". Pronunciala adesso e fanne un mantra. Abbi sempre lo spirito di voler imparare e continuare a studiare, perché la vita insegna ogni giorno e le cose positive accadono a chi si è preparato studiando. Non è semplicemente una frase fatta quella di Cicerone quando ha asserito che "la storia è maestra di vita", ma è una verità pratica e di facile accesso. In questo caso io posso affermare ancora una volta ad alta voce che tu devi studiare la tua storia per non commettere gli stessi errori che hai commesso in passato.

Ora che hai svolto il primo esercizio, te ne lascio un secondo: scrivi quelli che secondo te sono momenti importanti della tua vita in cui hai dovuto fare delle scelte, poi indica a fianco se quel singolo evento non era stato calcolato oppure sì, segna come hai agito e infine se hai ottenuto un risultato positivo o se ti è andata male e se ti aspettavi di meglio o di peggio. Scrivi almeno 10 eventi in una tabella come la seguente. Puoi scaricarla su http://www.concorsovincente.it per compilarla.

Esempio	Evento	Calcolato	Reazione	Esito	Pensiero
Esempio 1	Ho fatto un incidente in motorino.	Non era calcolato.	Ho reagito chiamando subito il 118.	Il risultato è stato che mi hanno potuto salvare la gamba.	L'esito è stato positivo perché di meglio non potevo fare.
Esempio 2	Ho fatto un incidente in motorino.	Non era calcolato.	Ho reagito non chiamando subito il 118 perché ho avuto paura di quello che avrebbero pensato gli altri (genitori, colleghi, amici, ecc…) e ho aspettato.	Ahimè ho perso la gamba.	L'esito è stato negativo perché se non mi fossi fatto prendere dall'ansia, di cosa avrebbero pensato gli altri, avrei chiamato il 118 in tempo.

Esempio	Evento	Calcolato	Reazione	Esito	Pensiero
Esempio 1	Tra una settimana ho un colloquio di lavoro in videoconferenza online.	Era calcolato perché ho una settimana di tempo.	Ho messo a posto il PC, installato applicazione per videoconferenza, preparato documenti ed eventuali cose da dire.	Il colloquio è andato bene.	L'esito è stato positivo perché quando c'è stato il colloquio avevo il PC a posto, l'applicazione per la videoconferenza era installata e avevo preparato il mio colloquio per non fare brutte figure con l'eventuale datore di lavoro.
Esempio 2	Tra una settimana ho un colloquio di lavoro in videoconferenza online.	Era calcolato perché ho una settimana di tempo.	Non devo preparare nulla perché funziona tutto, l'applicazione posso scaricarla anche 5 minuti prima e non ho tempo per preparare domande.	Il colloquio è andato male.	L'esito è stato negativo perché il datore di lavoro si lamentava che del mio ritardo per alcuni problemi di connessione. Ho dovuto mettere a posto la scrivania all'ultimo, ma dietro di me si notava che la stanza era in disordine, quindi ho fatto la videoconferenza in cucina e così si è lamentato anche della mia professionalità. Penso che lui abbia torto perché comunque io faccio il possibile per essere puntuale e dimostrare che voglio lavorare.

Negli esempi comprendi come reagisci in determinate situazioni di stress non previste o nel caso in cui avevi pianificato un determinato evento che finisce bene perché ti sei preparato o che finisce male perché non ti sei preparato. Nell'ultimo caso magari hai preso sottogamba la situazione, pensi che tu non avresti potuto fare in maniera differente, che tu sia stato sfortunato o impotente. Puoi pianificare ogni cosa di quello che avrai davanti quel giorno e in quel preciso momento, ma comunque una o più variabili non calcolate si verificheranno. Attrezzandoti prima, affronti esclusivamente queste ultime e solo quando si presentano.

Dalla mia storia, come dalla tua, puoi comprendere che nel momento in cui non ti sei preparato in quello che avresti potuto, non ti senti realmente sicuro e c'è un'altissima probabilità che le tue reazioni si rivelino controproducenti o comunque non le migliori possibili.

Pensa se non hai pianificato dove mettere i documenti personali che ti servono il giorno seguente per una fase del concorso (carta d'identità, patente, analisi del sangue, ecc...). Hai una bassa probabilità di ricordarli a causa delle varie attività che devi svolgere appena sveglio e li dimentichi sul tavolo in cucina. Non preparandoti non sarai garante del tuo risultato e nessuno può garantirlo per te, neanche chi ti vuole più bene, perché non ha le competenze per dirigere la tua vita. Non andare avanti se non hai finito tutti e due gli esercizi. Te lo rammento, non saltare i punti se vuoi che il gradino superiore si materializzi di fronte a te permettendoti di proseguire.

Nonostante lo sfratto esecutivo, mia madre, perdendo ulteriore salute e tempo, è riuscita comunque a mantenere l'alloggio. A 14 anni ho terminato la terza media inferiore con il massimo dei voti e mai bocciato. Ma cos'è successo? Alcuni professori mi hanno dato fiducia, nonostante le bacchettate annesse, sapendomi prendere, creando in me la volontà di cambiare la mia vita solamente dandomi fiducia e responsabilità. Non sono stato una cima, ma il non voler deludere persone che mi hanno voluto bene mi ha dato la spinta per reagire.

Continuando su questo tema arriviamo al liceo. Finita la prima metà del quinto e ultimo anno, mi sono reso conto che circa l'80% delle materie di studio erano insufficienti. Inutile dirti che in quel periodo, a scuola, tra gli amici o i parenti, sono stati in pochi a credere in me, ma tra quei pochi c'è stata una persona: si è offerta gratuitamente di aiutarmi con ripetizioni di matematica e fisica, anche perché altrimenti non avrei potuto pagare. Non c'è che dire, ma in due mesi, con quel po' di fiducia, non solo ho alzato la media di queste due materie, ma ho ottenuto voti altissimi anche di tutte le altre, sopperendo alle lacune che avevo accumulato in 5 anni di liceo.

Non era stato solamente il contributo di un uomo che tutt'ora ringrazio, ma la mia determinazione. Capirai come ho fatto più avanti, ma giusto un accenno: ho cominciato a credere in me stesso perché gli altri avevano creduto in me, ma col tempo ho scoperto che gli altri possono smettere di farlo e allora cosa fai? Puoi scegliere se continuare a darti da fare oppure crollare di nuovo.

La decisione dei concorsi

Una volta terminato il liceo (agosto 2009), sulla cresta dell'onda della mia autostima che cresceva, ho deciso di trasferirmi a più di 200 chilometri di distanza per frequentare l'Università di Pisa, presso la Facoltà di Ingegneria Aerospaziale.

È stato possibile grazie a un caro amico che abita ancora oggi a Empoli e si è preso cura di me per i primi due mesi fino a che ho ottenuto vitto e alloggio presso una casa dello studente a Pisa. Tra il 2009 e il 2010, ho perso la bellezza di 60 kg, mi sentivo al settimo cielo e sapevo che avrei potuto dare sempre di più e che tutto dipendeva da me. Purtroppo così non è stato, perché non avevo tenuto conto del fatto che nessuno ti dà realmente fiducia, ma devi crearla solo tu in te stesso, così ho scelto di crollare.

Nello specifico, sapendo che potevo fare molto, ho iniziato a rifiutare i voti secondo me troppo bassi per le materie da me considerate "facili", ho voluto studiare prima materie che richiedevano più applicazione e che non avrei passato in poco tempo e ho rimandato le sessioni di esame più volte. In poche parole ho sottovalutato tutto, compreso il tempo che scorreva e come conseguenza ho perso il vitto e l'alloggio per il numero insufficiente di esami superati entro il secondo anno.

In un giorno di settembre 2010 ero in coda alla mensa e avevo finito di mettere nel vassoio il pranzo. Ho raggiunto la cassa e ho passato nel lettore digitale la mia tessera dello studente che mi avrebbe permesso di mangiare gratuitamente il pasto come al solito. Nel momento della lettura l'addetto mi ha riferito che non avevo più diritto e che avrei dovuto pagare: non avevo soldi e non sapevo come fare, così mi sono di nuovo sentito alle strette. Ho reagito abbandonando tutto sul vassoio e mi sono diretto ai tavoli con i miei amici che hanno assistito a tutta la scena. L'imbarazzo era condiviso dai miei commensali a tavola così come il silenzio. Chi mi ha offerto il primo, chi il secondo, ma io ho rifiutato, non avevo fame e non ho mangiato per altri due giorni.

Avendo perso anche l'alloggio, sono stato ospitato abusivamente a casa di amici o in alcune stanze del residence studentesco e ho pensato: "un altro sfratto". In quel momento mi sono ripetuto nella mente che non avrei più elemosinato come una volta, non avrei più dormito in giro, che avrei trovato il modo di dirigere la mia vita e cavarmela nonostante le circostanze e così ho trovato in una settimana due lavori sempre a Pisa.

Sono stato postino e pony-express di pizzerie per la bellezza di 12 o 13 ore al giorno per un anno per mantenermi da solo. Ciò ha comportato che abbandonassi l'idea di studiare. Solo col tempo ho capito che questa è stata una scusa che il mio cervello si raccontava per il non avere la volontà e la forza di affrontare il destino che mi ero prefissato: non volevo studiare, ma realizzarmi, prendermi un posto nel mondo, aiutare quelli che ho avuto vicino e hanno sofferto con me, affinché un giorno fossero stati fieri delle mie scelte. Proprio da questa constatazione ho dedotto che per aiutarle avrei dovuto trascurarle: per spendere tempo nella tua preparazione, trascura quello da dedicare a loro, anche quello con chi hai di più caro per poter un giorno tornare ed essere orgoglioso di avercela fatta.

Quel giorno però scoprirai che la loro considerazione non ti soddisferà, perché per arrivare al tuo obiettivo devi inevitabilmente abbandonare ciò che tu sei stato prima di partire. Medita bene su quello che ti ho detto, perché se sei nella situazione in cui non hai ancora raggiunto quello che vuoi è perché hai abitudini che ora non ti permettono di ottenerlo.

Se pensi che ti darà soddisfazione tornare da qualcuno e dimostrargli che ce l'hai fatta, fidati che non sarà così al 100%. Ci sono passato, ho vinto un concorso, ma per riuscirci sono dovuto cambiare, abbandonando molte delle mie vecchie credenze e accogliendone delle nuove vincenti per l'obiettivo. Quando ho rincontrato amici e parenti, mi sono accorto che ero così sicuro di me che considerare la loro approvazione non avrebbe avuto senso: essere sicuri significa proprio fare in modo che le opinioni o approvazioni degli altri non ti influenzino perché sai di agire nel modo giusto.

Nel periodo dell'Università però non l'ho compreso. Rifiutare i voti degli esami non era sicurezza, ma sfrontatezza e in quella situazione sconclusionata, in cui realmente non avevo un vero scopo nella vita ma sapevo che volevo trovare una posizione o comunque crearmi un'alternativa valida, un amico mi ha proposto l'eventualità di fare dei concorsi pubblici per le Forze Armate.

Non sono stato subito attratto dalla cosa, ma ho capito che avrebbe potuto essere un ottimo modo per fare un qualcosa che mi avrebbe appagato e avrebbe dato altrettanta soddisfazione alle persone care intorno a me, mi sarebbe piaciuto pensare che dal nulla ero stato in grado di crearmi un futuro sicuro, stabile economicamente e appagante anche dal punto di vista professionale. Questi enti hanno una vasta scelta di impieghi e l'unica cosa che avrei dovuto fare sarebbe stato accedervi.

Il mio amico me lo ha proposto nel gennaio del 2011 e da quel momento a quando vincerò il concorso come Maresciallo dell'Aeronautica Militare passeranno quasi 5 anni: un mare. Sarò in grado di navigare onde che non avevo minimamente calcolato, ma quando prendi una decisione non lo fai in base a un calcolo.

Adesso scrivi in una tabella tutti i motivi che ti spingono a voler affrontare un concorso, ma sii sincero e non banale. Inserisci se lo fai per soldi, per avere un "posto fisso", per andare ad appagare i desideri di qualche tuo parente, per toglierti da una brutta situazione o qualsiasi cosa ti conferisca spinta.

Non scrivere cose come "Adoro le Forze Armate", "Mi piace la divisa… ho stima...", "Da quando sono piccolo mio padre mi diceva...", "Mio zio è finanziere" o chissà cos'altro se non lo credi davvero, lo devi sentire veramente, non raccontarti una "favola" per far credere a te stesso cose che non sono reali.

Ora non è importante scavare in te per trovare i motivi che ti porteranno a vincere il concorso, al contrario, ti servono quelli che ti hanno portato a decidere di iniziare il concorso. Sono due cose ben distinte. Da qui partiremo per delineare e strutturare il tuo obiettivo, perché magari adesso ce l'hai chiaro, ma ti mostrerò più avanti che delineare un punto di arrivo non è una cosa facile. Non è semplicemente pensare a che cosa si vuole proprio perché i motivi che hai ora non è detto che saranno quelli che ti porteranno a vincere.

Col tempo le mie ragioni sono cambiate diventando quelle vincenti. Nel momento di difficoltà, sapere dove vuoi arrivare, chi sei e quali sono i motivi per i quali sei partito, farà la differenza. Gli idonei vincitori hanno fatto questi esercizi, quel qualcosina in più per non rimanere solo tra gli idonei non vincitori. Questi ultimi non hanno delineato l'obiettivo, non hanno trovato le ragioni e le motivazioni, non hanno corretto col tempo questi aspetti, insomma non hanno giocato veramente il gioco.

J. Pierpont Morgan ha osservato che un uomo è spinto di solito ad agire per due motivi: uno che è quello vero, e un altro che ha tutta l'apparenza di essere buono e nobile. Per acquisire la tua stima nei miei confronti dovrei appellarmi al tuo desiderio nobile e buono, ma dato che il mio interesse è quello di farti vincere il concorso, sarò sincero, perché voglio che tu lo sia con me. Ora scrivi i tuoi motivi, quelli veri che ti hanno portato a voler intraprendere il concorso. Sul sito http://www.concorsovincente.it ho preparato la "Tabella – I tuoi veri motivi" che ti sarà semplice da compilare.

I primi concorsi

Il primo concorso cui ho partecipato è stato "Allievi Marescialli - Guardia di Finanza (GdF)". Mi è stato proposto da quel mio amico perché lui già lo aveva affrontato l'anno precedente non vincendo, ma secondo lui, che conosceva la mia storia, io lo avrei vinto perché tutto ciò che avevo passato fino ad allora era cento volte più difficile rispetto a quel concorso.

Solo oggi comprendo quanto lui è stato determinante nel darmi fiducia e ancora oggi lo ringrazio, soprattutto per l'ulteriore responsabilità che mi ha dato: insieme a me lo avrebbe fatto anche lui e io lo avrei sostenuto dal punto di vista fisico e motivazionale. È stata ufficialmente la mia prima volta da mentore al di fuori della palestra di judo, ma non è stata l'unica. Perdendo oltre 70 kg sono diventato un esempio e ho cominciato ad allenarmi per rendermi più elastico, energico e forte fisicamente. Continuando a studiare, applicandomi sul mantenere una sana e corretta alimentazione, seguendo solo fonti accertate come il Ministero della Salute, l'Organizzazione Mondiale della Sanità e centri di ricerca di Università famose nel settore, ho letteralmente cambiato la mia vita.

Ho capito da subito che non avrei potuto affidare il mio futuro a siti web alternativi con fonti non accertate, ad articoli di giornale o libri di scienziati non approvati anche se persuasivi. Questa consapevolezza mi ha aiutato anche nei concorsi, poiché durante le diverse fasi ti arrivano delle "voci" o punti vista che sembrano veritiere e fondate, ma tu sai che saranno l'ennesima "pagliacciata", cioè informazioni frutto del momento di stress.

Non riflettere su cosa ti hanno detto, ma su chi lo ha detto, dove lo ha saputo e soprattutto dov'è scritto. Compila la "Tabella – Caccia al pagliaccio" che ti ho preparato qui http://www.concorsovincente.it . Naviga su siti di notizie, per esempio riguardanti diete alimentari, notizie di politica, economia o di cronaca e trovane almeno 10, elenca di ognuna quali sono le fonti. Per esempio, Facebook e i social media in generale ti aiuteranno molto. Segna il sito o il giornale (la fonte) dove le hai trovate. Per ognuna di queste scopri se è "attendibile", cioè se fa parte dell'insieme di organismi o pubblicazioni istituzionali atti a distribuire informazioni.

Tre esempi sono la Gazzetta Ufficiale per le pubblicazioni di Leggi e concorsi pubblici, la Costituzione della Repubblica Italiana e il Codice Penale. Anche alcune organizzazioni come la Croce Rossa, l'Organizzazione Mondiale della Sanità (OMS), le Università o il Ministero della Salute (MS) sono fonti accertate. In poche parole, chi non ha un conflitto di interessi, chi pubblica un'informazione solo a seguito di un processo legale e che proviene da una ricerca strutturata in maniera trasparente.

Per meglio dire, mi fido di più dell'Università della Sapienza di Roma che fa una ricerca e pubblica uno studio approvato dalla comunità scientifica e dal Ministero della Salute, piuttosto che dello scienziato "Pinco Pallino" che scopre qualcosa e lo scrive in un libro dando ragioni apparentemente persuasive e fondate.

Un'altra fonte accertata sicuramente è l'insieme di persone o testimonianze che sono riuscite a ottenere un risultato in maniera legale, arrivabile, trasparente e seguendo quelle fonti accertate che ti ispirano fiducia. Perché ti dico questo? Affinché tu riesca a riconoscere una notizia utile da una inutile, un'informazione produttiva da una controproducente, un dato che ti farà perdere tempo da uno che invece ti accorcerà la strada per il successo.

Una volta scritta la fonte, segna se l'informazione è una "pagliacciata" oppure no. Non dimenticare che di informazioni apparentemente plausibili ce ne sono un'infinità, anche perché chi le pubblica usa inserire figure professionali competenti come medici, scienziati, Università americane, politici, personaggi dello spettacolo e altro ancora. Ma chi ti dice che quelle fonti siano reali? Semplice, chi le ha scritte.

Indica il motivo per cui hai dedotto che quell'informazione è una "pagliacciata" o una notizia fondata. Ho iniziato a seguire questo stratagemma leggendo il bando (fonte attendibile) nel quale sono pubblicati i requisiti e tutto il resto. Come esso ha riportato, ho presentato domanda in forma cartacea con ricevuta di ritorno via posta. Ecco un'altra lezione: non hai bisogno di chiedere a nessuno, non hai necessità di pagare nessuno per studiare, per farti insegnare o per mostrarti come fare quello che sai già fare, cioè leggere il bando di concorso e non interpretarlo mai con le tue esperienze pregresse, con le tue ansie e paure. Vi sono riportati gli argomenti delle prove di cultura, le fasi, le date, i documenti da presentare e sottoscrivere, le visite mediche, gli esami del sangue e le sessioni psico-attitudinali.

Il processo che ti sto mostrando è atto a smontare tutti i tuoi pregressi e a far sì che tu diventi in grado di non interpretare perché il nostro cervello è settato per complicarci le cose semplici, ma ti diventerà sempre più chiaro. Oggi questo mio amico è Maresciallo del Corpo dei Carabinieri (CC) e io ho vinto il concorso di Allievi Marescialli dell'Aeronautica Militare (AM), penso di avere una minima idea di quello che dico.

All'inizio sono stato ansioso e preoccupato, ma la prima cosa che lui mi ha detto è stata: "Prendi il bando, stampalo, leggilo una volta completamente dall'inizio alla fine, poi preoccupati solo di ciò che ti aspetta una fase alla volta".

Ora ti consiglio da subito di stampare il bando in forma cartacea, leggerlo tutto dall'inizio alla fine almeno due volte. Scorrilo ancora una terza, ma questa volta dividi le varie fasi concorsuali con la penna o gli evidenziatori. Scoprirai che chi lo ha redatto già ci ha pensato per te, come vedi i ragionamenti che ti sto facendo tornano e cominci così a capire che chi crea i concorsi li fa con cognizione di causa per venirti incontro, non per metterti in difficoltà: acquista fiducia nella PA, sarà determinante per vincere.

Vai avanti nel manuale solo se hai finito. Visto che presentare domanda è semplice, capisci il perché l'ho fatto anche per Volontario in Ferma Prefissata di 1 anno (VFP1) nell'Esercito Italiano (EI). Per questo ultimo concorso ero certo che avrei vinto perché il mio punteggio pregresso (voto medie inferiori, patente, ecc.) me lo avrebbe garantito.

Questa semplicità di approccio alla questione mi ha fatto di nuovo prendere sottogamba il tempo che scorreva, infatti ho continuato a rimandarlo non presentandomi fino al 2012 perché ho voluto spendere le mie energie per la GdF. Con sorpresa, date le premesse, non ho vinto il concorso VFP1 EI per colpa di una svista nella lettura del bando: quel giorno ho superato le visite mediche, ma mancava un valore del sangue che non avevo fatto e quindi non era nei miei documenti. Ho perso un concorso cui non ho dato importanza, ma che oggi sicuramente mi avrebbe accorciato la strada di quasi 5 anni. Non rimpiango nulla, non ero ancora maturo per vincere e ho imparato un'altra lezione: leggi tutti i requisiti, non tralasciare nulla e non ti affidare strettamente alle conoscenze del medico.

Per meglio dire, sono tornato a casa e mi sono reso conto che il medico di famiglia ha saltato un valore e non lo ha inserito nelle ricette da lui firmate per il centro di analisi dove avrei dovuto fare il prelievo. Ecco cosa devi fare: recati al centro di prelievi dove vi sono persone competenti, fai leggere loro il bando, fatti indicare le analisi e fattele prescrivere da loro, fai il prelievo, consulta i risultati ottenuti e controlla la presenza di tutti, ma soprattutto che siano nei parametri consentiti.

Un medico non sa quello che fa? Noi siamo spesso convinti che il nostro medico di famiglia o un qualsiasi medico ci possa instradare sulle decisioni a livello di salute o di documenti sanitari, ma nella realtà non è così. Solo i medici competenti in una determinata materia possono aiutarti per quella specifica necessità, ma in ogni caso tu devi mettere in dubbio la loro competenza. Ad esempio, non è detto che un medico dietologo sia competente nella sua materia come un altro medico dietologo. Un medico dietologo, per esempio, potrebbe essere più indirizzato verso un tipo di scuola di pensiero e determinati tipi di cure piuttosto che altre sostenute da un altro medico dietologo.

Ognuno spende il proprio tempo per specializzarsi in una determinata branca: diffida sempre dai "tuttologi", solo in questo modo vai sempre sul sicuro e rispetti la professionalità di tutti i medici. La fonte certa è anche chi risulta competente nella materia d'interesse: tutti possono essere meccanici, ma ne ho conosciuti "cani" con il mio fuoristrada e "ingegneri" con le utilitarie.

Attento dunque ai documenti, ma ecco una sequenza di operazioni da compiere per essere sicuro di non scordarne: leggi attentamente il bando di concorso trovando le parti in cui ti viene richiesta la documentazione da presentare e quando; sottolinea le parti in questione e leggile finché non capisci cosa richiedono; comprendi quali istituti o figure te li possono rilasciare poi contattali e prenota gli appuntamenti al telefono (consigliato) o via mail (meno consigliato) cortesemente, ringraziando e salutando alla fine della conversazione perché saranno più propensi ad aiutarti; nella telefonata presentati con nome e cognome, chiedi cortesemente come puoi avere quei documenti, specifica che ti servono per un concorso pubblico, digli che ne hai bisogno urgentemente e che devi essere sicuro che quando li vai a ritirare saranno pronti, infine chiedi quali documenti devi portare al seguito per reperire quelli che ti rilasciano loro.

Se hai dubbi sulla documentazione da portare al concorso, chiama o invia una mail direttamente ai servizi appositi della PA per la quale stai concorrendo e che sono specificati nel bando; porta il bando con te il giorno in cui reperisci la documentazione e fallo consultare dal personale predisposto al rilascio dei documenti; tieni il bando sempre al tuo seguito, come il tuo smartphone; mentre parli al telefono o vai agli appuntamenti annota tutto sulla tua agenda: prendine una il prima possibile.

Per quanto riguarda me, dopo aver imparato l'errore, mi sono recato dal mio medico generico a farmi prescrivere le diverse analisi, la mattina in cui mi sono presentato allo sportello di accettazione del centro prelievi ho portato al seguito il bando e l'ho fatto leggere riga per riga alle persone lì predisposte. Non ci crederai, ma per l'ennesima volta il medico non mi ha inserito la stessa tipologia di analisi del sangue, ma sono riuscito a evitare l'errore in tempo: da subito mi sono procurato i documenti necessari per rimediare velocemente.

Tornando invece al concorso in GdF, ricordo la prima prova. Si è trattato di un quiz sulla grammatica italiana in cui è stato possibile passare in circa 1.600 su almeno 14 mila candidati. Per affrontarlo ho raggiunto Bari e venivo da una realtà in cui tutti mi dicevano che non ce l'avrei fatta ed è stata la mia prima esperienza di concorsi.

Non avevo neanche i soldi per passare le quattro notti in attesa del volo di ritorno verso Pisa dove ancora abitavo. Sono stato costretto a dormire con un sacco a pelo nel piccolo prato dell'Aeroporto e una mattina mi sono svegliato completamente fradicio. Ogni notte ho utilizzato un lato del corpo diverso su cui giacere, poiché il lato sfruttato mi doleva in maniera acuta appena sveglio e rido ancora pensando alla fortuna di avere un corpo con 4 lati su cui dormire. Ho studiato per quel test senza distrarmi, ho preso le singole domande che sarebbero state proposte secondo bando (oltre 7.000) e le ho imparate tutte a memoria. Per rispondere a 100 domande a risposta multipla, ho avuto 60 minuti, ma ho terminato in poco più di 12 e ho atteso almeno 10 minuti prima che uscisse dall'aula il secondo candidato terminante la prova.

Alla fine, ho scoperto di aver superato la fase con un solo errore. In questo mi hanno aiutato lo studio e di conseguenza la sicurezza scaturita dall'idea di dover dare l'esempio. Nel momento in cui mi sono trovato davanti al test ho avuto ansia come chi non avesse mai letto neanche un fumetto in vita sua. Così ho iniziato di getto e mi sono accorto che la prima risposta che avevo scelto non era alla prima domanda, bensì alla seconda. Ho sbagliato riga, una svista imperdonabile perché non si sarebbe potuto correggere un errore.

Un consiglio: utilizza un righello, almeno non perdi mai il segno e sei ancora più veloce perché non sprechi tempo a ritrovarlo. Non appena capito lo sbaglio, mi è passata davanti tutta la fatica di quelle settimane antecedenti la prova, ho pensato alle persone cui avrei dovuto dire di non avercela fatta per una "svista" o una delle solite scuse di cui ti ho già parlato. Nel preciso istante in cui ho pensato questo, è nata in me una spiazzante e improvvisa tranquillità.

Come per istinto ho reagito con un atteggiamento di sicurezza e serenità dato dal semplice pensare che io avrei potuto dare l'esempio a tutti là fuori: poniti nell'ottica di essere mentore di una persona che conosci, di te stesso, del tuo vicino di banco o di chi sta affrontando una prova con te e di dovergli dare l'esempio a testa alta, con rettitudine, così devi essere per forza sicuro.

Questa caratteristica mi ha aiutato ad andare avanti anche durante lo studio e la fase di preparazione, quando avrei avuto mille distrazioni, mille problemi, mille motivi per dire no e tornarmene nella mia micro-realtà negativa. Con il prossimo esercizio diverrai in grado di dare l'esempio e sarai così sicuro di te stesso da non commettere errori dettati dalle insicurezze nei momenti di stress.

Pensa a qualcuno che ti è caro e vuoi aiutare a risolvere la propria situazione, magari qualcuno che non ha ottenuto ciò che voleva, che sta cercando di raggiungere qualcosa; chiudi gli occhi, immagina la situazione coinvolgendo la vista, il tatto, l'udito e l'olfatto, come se fossi davvero lì (creare immagini vivide che coinvolgono non solo la tua mente ma anche i tuoi sensi è l'arte della visualizzazione e ti permette di rendere tutto chiaro e reale, quindi sicuro per il tuo cervello).

Siediti di fianco a lui, guardalo negli occhi e spiegagli tutti i motivi che lo portano a fare qualcosa; una volta esposti i suoi motivi digli che dovrà dare l'esempio, sarà il mentore di chi gli sta attorno e sarà una persona di grande ispirazione; sii sincero nei suoi confronti, percepisci sempre dentro di te una sensazione di sicurezza in quello che proferisci, pensa alle tue affermazioni come oro che cola, un regalo che gli fai per cambiare la sua vita e fargli raggiungere ciò che vuole.

Senti la responsabilità che si propaga in te, prova un senso di dovere e impegnati a infondergli speranza ma soprattutto forza, passione e le certezze di cui ha bisogno; dopo che lo hai fatto con lui, immagina te stesso al tuo posto mentre tu gli infondi ciò che ti ho detto fino a ora. Terminato l'esercizio, hai assimilato nella tua mente la volontà di dare l'esempio, divieni il mentore di quella persona o ancora meglio di te stesso, ti tramuti nel "motivatore" per eccellenza e in automatico trasmetti positività e determinazione a chiunque ti verrà incontro.

Adesso rimettiti lì, di fronte a lui o a te stesso e pronuncia ad alta voce e a occhi chiusi i motivi per cui lui vuole ottenere quel qualcosa in questo momento, ma stavolta digli che anche tu gli darai l'esempio, sarai lì al suo fianco e insieme affronterete il suo destino che ora tu hai creato certo grazie al grande potere delle tue parole. Prova un sentimento di sicurezza e applica un atteggiamento di onnipotenza nei suoi confronti mentre lo dici.

Scoprirai che il tuo corpo risponderà con sicurezza alle tue affermazioni e regalerà a te stesso quella spinta utile a farti perdere ogni ansia e paura. Questo esercizio ti rende ancor più responsabile, perché per decidere di non essere distratto da tutte le cose che ne hanno il potere, hai bisogno di darti l'esempio, io l'ho scoperto col tempo.

Parlando con gli altri candidati ispiravo fiducia in loro e motivazione perché avevo necessità di raggiungerla io stesso. Non mi è mai piaciuto il termine "insegnare", anche quando pratico judo mi piace condividere i motivi per cui frequento la palestra. Amavo essere d'esempio per chi invece non scorgeva un'alternativa valida per riuscire in un esercizio o in una gara, prestavo i miei occhi a chi non vedeva quello che vedevo io. Trova la tua sicurezza, presta i tuoi occhi, vivi le tue emozioni a pieno per propagarti nel cuore di chi hai a fianco in modo efficacie e risolutivo.

Con tutta questa voglia di dare l'esempio il tempo passava aspettando la convocazione per il secondo test: tema di italiano. Ho volato di nuovo verso Bari, ma stavolta ho dormito solo due notti fuori dall'Aeroporto e ne è valsa ancora la pena perché l'ho superato nonostante non mi fossi preparato.

Seduto al banco di quell'immensa aula, ho ascoltato ogni indicazione, ho letto ognuna di esse in un documento scritto fornitomi dalla commissione esaminatrice e ho agito solo in base a esse. Non ho iniziato a fantasticare con idee del tipo: "Faccio un tema lungo almeno faccio vedere che sono preparato", "Ci metto poco almeno faccio vedere che sono meritevole", "Lo riempio di aneddoti, date o nomi così faccio vedere che mi tengo informato". Ecco cosa ho semplicemente fatto: mi sono seduto, ho ascoltato bene le indicazioni, al "via" della commissione non ho scritto e non ho letto nessuna indicazione sui documenti forniti al momento della prova.

Ho aspettato 15 minuti impiegando il tempo per pensare a tutt'altro così da liberare la mia mente dallo stress, ho chiuso gli occhi immaginando di essere completamente solo finché non ho realmente provato quella sensazione di naufrago su di un'isola deserta, ho aperto gli occhi, ho letto tutte le consegne almeno 3 o 4 volte con molta calma e altrettanta attenzione, ho iniziato a scrivere e nulla più.

Lo consiglio anche a te, perdi almeno 15 minuti del tuo tempo per pensare ad altro, poi prenditi tutto il tempo che ti danno per stendere il tuo testo. Magari non appoggiare neanche la penna sul foglio per 3 o 4 ore, scrivi tutto nell'ultima mezz'ora o impiegaci 6 ore, ma prenditi tutti i secondi, minuti e ore di cui necessiti: il tempo non è quello che impieghi per scrivere, ma quello che impieghi per creare.

Nel 2009 ho terminato il liceo e durante i 5 anni mi è sempre stato ripetuto che io non sapevo scrivere un tema di italiano. Quel giorno ho pensato a ciò limitandomi, manifestando una paura incredibile dentro me stesso.

Durante le prime quattro ore ho scritto un tema lungo, articolato, cancellando e correggendo, cercando di far comprendere in maniera chiara i miei concetti, ma non ne stavo venendo a capo perché la mia mente era scarabocchiata almeno quanto i miei fogli e la mia professoressa del liceo non sarebbe stata soddisfatta: non ho minato al mio risultato pensando male, ma ancora una volta ho compreso che una persona si è rivelata onesta scoprendo le carte.

Constatato ciò ho deciso di agire in maniera tale da correggermi e imparare. Mancava un'ora e mezza circa, ho preso un nuovo foglio e ho scritto di getto in bella copia un tema totalmente differente, senza fermarmi e con i pensieri che scorrevano. Questo mi ha permesso di non inserire ripetizioni, di non lasciare che le mie paure pregresse si manifestassero in autocorrezioni di una stesura che pensavo di non avere le capacità di poter elaborare: non ho dato al mio cervello la possibilità di pensare. Ho scritto quel tema in poco più di un'oretta, il tempo di segnare con la penna quelle parole sul foglio, senza brutta, direttamente in bella copia. Una volta consegnato il lavoro, non credevo fosse all'altezza delle richieste per il poco tempo impiegato e la scarsa minuziosità nello stenderlo.

Circa un mese dopo è stato pubblicato l'elenco dei candidati risultati idonei al tema: ero nell'elenco. Di lì a poco mi sono presentato a Roma per le visite mediche e le ho superate poiché ho perso quasi 80 kg totali. La commissione sanitaria mi ha fatto i complimenti di fronte a tutti per il risultato raggiunto e sono tornato a Pisa con la felicità negli occhi e talmente soddisfatto che anche l'eventualità di non passare quel concorso non mi avrebbe toccato minimamente.

Ancora una volta ho preso sottogamba il tempo e ho pensato così tanto di poter "spaccare il mondo" che nei due mesi che mi sono stati concessi dalla visita alla successiva prova orale di cultura generale, non ho spolverato neanche un po' della superficie di un solo argomento. Una settimana prima sono giusto riuscito a utilizzare qualche "trucchetto" di cui ti parlo dopo, che mi ha fatto superare anche quella prova. Il mio punteggio era nella media, da quel momento ero idoneo all'arruolamento, sarebbe bastato solo aspettare la graduatoria che ha presentato un'ultima peculiarità: la possibilità di aggiungere un punteggio ulteriore grazie alle prove di inglese e di informatica.

Sono sincero, l'inglese è stato sempre un tarlo per me in passato, farlo all'ultimo anno delle superiori con serietà mi ha garantito solo la sufficienza e dopo un anno e mezzo dalla maturità ho perso praticamente tutto. Per quanto riguarda la prova di Informatica si è trattato di alcune domande orali. Ho avuto la brillante idea di non studiare di nuovo, perché ho sottovalutato la difficoltà della prova e inutile dire che quel giorno non ho preso neanche il minimo punticino.

Pubblicata la graduatoria mi sono classificato oltre la duecentesima posizione, non ricordo esattamente quanto, ma non mi sono arruolato per 11 posizioni su quasi 14 mila candidati: il mio primo "idoneo non vincitore". Il filo sottile tra me e il vincitore riguarda anche te adesso: come me quell'anno, non hai chiaro l'obiettivo, spesso fai coincidere le motivazioni per cui fai qualcosa con esso, quando in realtà sono due cose completamente diverse. Riprendendo l'arciere di cui ti ho parlato precedentemente, il suo obiettivo è centrare il bersaglio mentre i suoi motivi sono per esempio vincere la Medaglia d'Oro alle Olimpiadi o semplicemente il fatto di aver sempre praticato quella disciplina.

Obiettivo e motivi possono essere scambiati, magari ostacolarsi l'uno con l'altro, e differenziarli è determinante anche per conferirti l'abilità di capire dove stai andando. L'obiettivo è uno solo, perché devi prendere un'univoca direzione (come l'arciere), mentre i motivi possono essere tanti. Ecco perché ti ho detto che i tuoi motivi probabilmente non sono gli stessi che ti porteranno a vincere il concorso e forse già in questo momento, dopo aver letto questa frase, starai pensando che forse li hai scambiati.

Il tuo obiettivo specifico te lo dico io: vincere il concorso. Non ce la farai mai a diventare pilota, Maresciallo dei CC, Ufficiale della GdF o altro se non comprendi che questo è il tuo scopo, poiché puoi dirigere tutte le tue energie su un solo punto. Pensa se il sole direzionasse tutti i suoi raggi in un punto della terra invece che ovunque: la brucerebbe all'istante. Per arrivare a un determinato risultato devi anche ammettere di essere quel risultato, la tua ambizione, che significa avere le caratteristiche di colui che vince. Dirigi le tue energie verso la tua meta, accantona i tuoi motivi in questo momento (quelli che abbiamo elencato assieme nel paragrafo "La decisione dei concorsi") o altri che ti vengono in mente e "focalizza" il tuo obiettivo con consapevolezza del fatto che tutto il resto sono solo motivi.

Io lo capisco solo ora, dopo quasi 5 anni di concorsi, successivamente al primo anno di Allievo Maresciallo in AM, passati oltre due anni da sottufficiale inquadratore per i corsi e per i tirocini militari successivi al mio, a seguito di altre vicende di cui ti parlo più avanti e degli anni che fino a oggi sono passati.

Cosa significa "focalizzare" un obiettivo? Non basta aver individuato quel determinato concorso? So che pensi di sapere cosa vuoi, peccato che lo sa solo il te stesso razionale, ma il tuo inconscio (che è il restante 80% circa di te stesso) non è detto lo abbia compreso. Uno dei passi per farlo assorbire a entrambi e renderlo S.M.A.R.T: Specifico, Misurabile, Attuabile, Relativo al risultato e Temporale. Il tuo obiettivo "Specifico" è "Vincere il concorso ..." o perché no "i concorsi..." che vuoi intraprendere, non diventare Maresciallo o Allievo Maresciallo (che sono motivi). Metti a fuoco un obiettivo e soprattutto solo quello, miralo e non abbandonarlo. Specificando il bersaglio non potrai che scagliare il dardo verso la direzione giusta.

Lo scopo è "Misurabile" se sai rispondere a: "quanto misura per te la vittoria?" o "quanto vale il raggiungimento del tuo obiettivo?". Il tuo cervello è fisico e non un organo astratto, hai bisogno di fornirgli misure di un qualcosa di reale. Se per esempio tu volessi ottenere 10 mila euro in qualche modo, la misura sarebbe ben definita trattandosi di soldi ed esso capirebbe il messaggio chiaramente: 10 mila euro.

Nel tuo caso, il tuo obiettivo misura quanto ti soddisferebbe l'idea di raggiungerlo. Non esiste una sorta di macchinario che calcoli la soddisfazione, non puoi misurare i sentimenti in modo diretto, potresti creare una scala di quanto ti interessa vincere da 1 a 10 o un'altra che va da 1 a 100, ma comunque non daresti un forte e concreto segnale alla tua mente.

Se tu fossi un arciere, la tua mente richiederebbe che tu gli riferissi la posizione nello spazio che ha il centro del bersaglio. Come puoi fare? Ho trovato un espediente per te. Quando non puoi misurare qualcosa in modo diretto, puoi definire tutto ciò cui sei disposto a rinunciare per ottenere quel qualcosa. Cosa intendo te lo farò spiegare dal Dalai Lama: *"Giudica il tuo successo da ciò cui devi rinunciare per poterlo ottenere"*.

Continuiamo l'esempio dei 10 mila Euro. Appena trovato un lavoro che soddisfa ciò che chiedi, rinunci a parte del tuo tempo libero, trascuri alcune cose piuttosto che altre, dici di no alle uscite fuori con gli amici o alla famiglia. Se non hai un lavoro ma stai studiando per ottenerlo e un giorno guadagnare quei soldi, gli esami o i test da affrontare ti faranno rinunciare a tutto ciò nello stesso modo.

Anche se riuscissi a incastrare il tutto, scenderesti comunque a compromessi, posizioneresti in ordine di importanza le tue priorità, assegnando al primo posto il guadagno dei 10 mila euro poiché questo è il tuo obiettivo.

Sei disposto ad allenarti duramente? A fare gli esercizi che ti propongo? A rimanere a casa anche ad agosto senza goderti un po' di mare e sole? Sei disposto a vincere? Urla adesso "Sì!", ma fallo. Nel mese di agosto 2015 ero più bianco delle pagine dei libri sui quali ho "sbattuto" la testa tutti i giorni per studiare e prepararmi alla prova finale, a gennaio mi hanno deriso perché ho corso sotto la neve.

In un foglio elenca tutte le tue passioni e le abitudini che hai e che ti vengono in mente. Scrivi nello specifico i seguenti dati: l'ora in cui ti svegli, l'ora in cui vai a dormire, quante volte al giorno e quante volte a settimana esci con gli amici, a che ora esci solitamente con gli amici, cosa fai quando esci (vai al mare, leggi, giochi a calcio, vai a bere, hobby in generale, ecc.), che tipo di allenamento svolgi, quante volte al giorno o alla settimana e a che ora.

Una volta fatto, prendi tutto e valuta se le varie attività sono in linea col tuo obiettivo, cioè cerca di capire se ti possono ostacolare durante le fasi concorsuali. Ti consiglio di prendere in mano il bando ancora una volta e guardare le prove previste. Se ad esempio ti servono le analisi del sangue pulite, senza valori sballati e ti piace bere ogni sera con gli amici, devi ammettere che quest'abitudine ti ostacola.

Alla fine, sottolinea tutte le abitudini risultate ostacolanti e considerale come il valore da misurare per comprendere quanto "costa" il tuo obiettivo. Quelle sono le cose cui devi rinunciare, le cose che fanno crescere di valore ciò che ti sei prefissato di raggiungere. Il tuo scopo è necessariamente "Attuabile" perché è oggettivamente raggiungibile. Nel tuo caso è tale solo se hai i requisiti previsti dal bando e allora accertati ad esempio di avere il minimo o il massimo dell'età consentita, ecc.

La tua meta è "Relativa al Risultato" che vuoi ottenere? Cosa vuoi realmente grazie alla vittoria del concorso? Quali sono i tuoi motivi? Metabolizza che la vittoria è solo un mezzo per soddisfarli. In precedenza li hai segnati e nonostante siano totalmente differenti dall'obiettivo, risultano essere legati a esso, poiché sono il carburante da usare per percorrere il cammino del successo e centrare il bersaglio. Leggi *"Tabella – I tuoi motivi"* e chiediti se il tuo obiettivo soddisfa ognuno dei motivi elencati. Se li soddisfa allora lascialo segnato, altrimenti cancellalo perché non ti serve. Vincere questo concorso non è ciò che stai cercando davvero se non hai neanche un motivo per farlo.

Questa è la parte apparentemente più complessa, ma determinante, permettimi di aiutarti con un semplice esempio. Io ho voluto vincere il concorso "Allievi Marescialli AM". Sposando tutti i requisiti richiesti dal bando, per me è stato attuabile. Arrivando a definire un obiettivo relativo a ciò che avrei ottenuto vincendo, mi sono semplicemente chiesto se ciò che avrei ottenuto mi avrebbe soddisfatto.

Così ho elencato i motivi che pensavo sarebbero stati appagati: sicurezza economica, orgoglio da parte di chi avevo intorno, posizione professionale di prestigio, indossare l'uniforme, tecnico meccanico di aeromobili e altri.

Quelli che invece sono stati i motivi che ho trovato ma che non sarebbero stati soddisfatti da ciò che avrei ottenuto vincendo, li ho necessariamente eliminati. Se per esempio vinci il VFP1 nell'Esercito Italiano, non puoi sperare di pilotare un velivolo da caccia, ti sembra una cosa ovvia, ma non è così, poiché smetti di impiegare energie in cose che non ti servono. Con motivi (il tuo carburante) definiti e chiari, hai sempre la giusta quantità di benzina per alimentare il tuo "motore cervello", senza rimanere a secco per averla impiegata in modo sconsiderato.

Grazie a ciò sei anche in grado di allineare le tue priorità: se per esempio sai che non ti aspettano test fisici, preferisci spendere il tuo tempo per studiare. Magari ti alleni lo stesso perché fa bene a corpo e mente, ma se hai solo 10 minuti di tempo, scegli di impiegarli per studiare e non per andare a correre.

Proiettando il concetto in un momento di ansia e stress da prestazione, la tua scelta si rivela sempre correttamente rivolta all'obiettivo, perché sai a cosa dare priorità nello specifico.

Pensa al momento in cui ti trovi davanti a qualcuno predisposto a capire se sei motivato. Se hai definiti motivi e obiettivo, non ti è difficile reagire correttamente a domande, obiezioni, provocazioni o altro.

Il tuo atteggiamento risulta sempre sicuro e la tua determinazione può solo crescere agli occhi di chi hai di fronte. A tutti diventa impossibile non notarla, puoi addirittura finire per ispirarli e dargli l'esempio. Il tuo scopo è "Temporale" perché devi conoscere quando sarai arruolato, quali sono le date delle prove. Se non specificato dal bando, comunque fissati un giorno plausibile.

Per quanto mi riguarda, ho saputo indicativamente che mi sarei arruolato tra la metà di settembre e l'inizio di ottobre 2015, poiché avevo dedotto una fascia temporale. Mi raccomando, inserisci un giorno preciso anche se hai solo un contenitore di più date perché ti serve a mettere a fuoco l'istante e rendere partecipe in maniera precisa la tua mente, sempre coerentemente al discorso di prima sulla necessità di inviare messaggi reali e tangibili a un cervello fisico, fatto di cellule e materia.

Dato che affronti le prove una alla volta, scandendo ogni singola data puoi crearti un piano definito su quello che fai da adesso fino al momento in cui si manifesta quel determinato avvenimento. Pensa di essere il contadino che seguendo le fasi lunari sa cosa fare al momento giusto: il tempo è il "sale" della vita, senza lo scorrere della clessidra o il sapere che prima o poi tutti moriremo, come faremmo ad avere voglia di metterci in gioco, di dimostrare qualcosa o raggiungere una meta?

Ti basti pensare che la scadenza in arrivo ti fa percepire dentro quel senso di urgenza utile a sfruttare tutte le occasioni e giocarti bene ognuna di esse. Al link http://www.concorsovincente.it , reperisci la *"Tabella – S.M.A.R.T"* con il mio esempio, una spiegazione per compilarla e chiarimenti ulteriori sul concetto di S.M.A.R.T.

A novembre è stata pubblicata la graduatoria che mi ha visto escluso per quei pochi punti. A questa beffa del destino in GdF si è aggiunta quella dell'inconveniente delle analisi del sangue mancanti per il concorso VFP1 EI. Ho deciso di riprovare per la seconda volta a marzo, con la pubblicazione del bando per Allievi Marescialli GdF.

Per quest'ultimo le fasi si sono svolte nella stessa identica modalità, solo che questa volta non sono risultato idoneo al tema. Lo so cosa pensi. Come è stato possibile? Non sei sicuro di te? Non sai che ti sarebbe bastato sfruttare il tuo cervello? Non dovresti garantirmi il successo con i tuoi consigli?

La realtà è che tutto il discorso fatto relativamente al tema, al modo in cui mi sono approcciato a esso, alla cronaca dei miei sentimenti e di cosa mi ha spinto la prima volta, non mi era chiara come lo è adesso grazie all'esperienza.

Per questo secondo tema ho pensato che mi sarei potuto preparare, generalmente trovi argomenti su cui prepararti e studiare per un tema dando un'occhiata a quelli degli anni precedenti. Io l'ho fatto e te lo consiglio perché uno simile a quelli da me studiati è stato proposto in aula quello sfortunato giorno. Ho speso moltissimo tempo per la preparazione del tema rispetto alla prima volta, studiando tantissimo, ampliando la mia cultura in una maniera impressionante in poco più di 2 settimane.

Avevo imparato aforismi, nomi di politici, eventi della storia, personaggi famosi, zone geografiche di possibile interesse, definizioni di fenomeni naturali e chi più ne ha più ne metta.
Così mi sono sentito preparato e convinto di me stesso durante la prova, peccato che avrei avuto a che fare con una realtà: sono stato prolisso inserendo troppe informazioni, tant'è che il mio tema è sembrato di più un collage di date, nomi di personaggi famosi,

modi di dire e aforismi. Col tempo mi sono reso conto che per spiegare qualcosa o esprimere un proprio punto di vista è necessario eliminare quelli degli altri poiché il tema è di natura personale, deve esprimere il proprio pensiero, deve coinvolgere il lettore senza annoiarlo con retorica, giri di parole e pure cronache di fatti.

Magari non hai questo tipo di problematica, ma la realtà è che questo concetto ti serve anche quando parli con lo staff del concorso, con le persone che ti stanno intorno e ti valutano: non ascoltano mai un topo da biblioteca, ma una persona che sa esprimere concetti.

Avvilito dalle brutte esperienze ho disprezzato ogni cosa di quei concorsi, ho inveito nel pensiero, ho screditato di fronte agli altri una PA che mi ha escluso poiché non mi ha dato neanche una possibilità. A gran voce ho affermato più e più volte che non avrei mai più fatto un concorso, che per me non c'era posto perché lo avevano solo i raccomandati, che se non ci fossero stati quei maledetti, ci sarebbe stato più posto per me.

Secondo il mio pensiero, il perdere non è dipeso da me, piuttosto dalle troppe persone che hanno presentato domanda o da coloro che hanno accumulato un punteggio più alto del mio. Nel momento di difficoltà, quando sei giudicato da te stesso per ciò che non hai saputo portare a termine non appagando i tuoi motivi, ti attacchi a tutto pur di far sì che il tuo inconscio non soffra.

Peccato che, come la chiamo io, questa è solo una "pillola di dolcezza" per il tuo cervello. Sai di aver fallito nel tuo obiettivo e qui, in modo naturale e spontaneo, nasce in te la necessità di riprogrammare la tua mente "raccontandoti la favoletta".

Riprogrammare la tua mente significa cambiare ciò in cui credi, poiché è questo che si tramuta nelle azioni che ti portano a un risultato e inevitabilmente a un feedback, cioè a valutare il tuo stesso risultato. Per capire, pensa di essere su un tetto a 4 metri da terra e per tornare a casa (motivo), devi scendere senza farti male (obiettivo). *Credenza: "Se mi lancio sull'asfalto non mi farò male perché sono allenato" > Azione: ti lanci > Risultato: ti rompi un ginocchio facendoti male (obiettivo opposto) > Feedback: "Non è stata una buona idea perché non mi ha portato all'obiettivo".*

A questo punto le tue credenze inevitabilmente cambieranno come segue: *Nuova credenza: "Lanciandomi mi romperò un ginocchio e proverò dolore" > Azione: non ti lanci ma usi le scale > Risultato: torni a casa sano e salvo > Feedback: "È stata un'ottima idea perché mi ha portato all'obiettivo".*

Così hai cambiato le tue credenze in base al feedback, cioè hai riprogrammato la tua mente. Parliamo di un esempio che ti serve: *Credenza: "Vincerò il concorso" > Azione: partecipi al concorso > Risultato: perdi il concorso > Feedback: "Non è stata un'ottima idea perché non ho vinto".* Hai due possibilità: cambi le tue credenze per ottenere un feedback utile per non perdere di vista l'obiettivo (*Nuova credenza: "Correggo gli errori per vincere il prossimo concorso"*) oppure cambi le tue credenze per ottenere un feedback che non ti faccia male perché hai perso di vista l'obiettivo. (*Nuova credenza: "Non correggo gli errori e trovo mille scuse per non rifare il concorso"*).

Ciò che credi si tramuta nel risultato che vuoi, ciò che programmi nella tua mente è ciò che permetti alle tue azioni di eseguire e sono esse che fruttano sempre un risultato. Come scegli di giudicare il tuo risultato e riformulare una nuova credenza è solo dettato dal non perdere di vista l'obiettivo o meno.

Ora esegui *"Esercizio – Testa o croce?"* per comprendere come sia importante credere la cosa giusta che ti serve per non perdere di vista il tuo unico scopo. Scrivi 10 credenze che pensi ti daranno un risultato con feedback negativo rispetto a vincere il concorso, aiutati coi pettegolezzi e i luoghi comuni che senti in giro o con i tuoi semplici sospetti o dubbi.

Successivamente indica 10 credenze che ti daranno un risultato con feedback positivo rispetto a vincere il concorso, aiutati magari scrivendo l'opposto del pettegolezzo o con ciò che ti fa riporre fiducia nei confronti della PA.
Affinché ti risulti più semplice compila *"Tabella – Testa o croce?"* e seguine gli esempi su http://www.concorsovincente.it .

Ora puoi andare avanti con la mia storia. Ho concluso la mia avventura dei concorsi nell'aprile del 2012 a causa della GdF e provando in simultanea a inviare la domanda per l'Accademia Ufficiali AM, MM ed EI. Il bando è stato pubblicato neanche una settimana dopo aver compiuto i 22 anni e chiaramente la domanda è stata respinta per limiti d'età. Ho considerato il tutto come un fallimento ma che oggi guardo con orgoglio e rispetto.

Riepilogo del capitolo 1:

- Segreto n. 1: Da qualsiasi punto tu inizi non hai nessuna scusa per non vincere e ci riuscirai perché fai gli esercizi e ti applichi senza interpretare.

- Segreto n. 2: Conosci il bando a memoria e lo tieni con te.

- Segreto n. 3: Il tuo unico obiettivo è la vittoria ed è S.M.A.R.T.

- Segreto n. 4: Hai selezionato i tuoi motivi tra quelli non ostacolanti, così che siano il tuo carburante e non un peso.

Capitolo 2:

Come sviluppare un mindset di successo

"Un grammo di buon esempio vale più di un quintale di parole."
- San Francesco di Sales -

Il periodo di riflessione

Nella primavera del 2012, affranto e letteralmente depresso, ho cominciato a cercare lavoro. Già dal novembre 2011 sono andato via da Pisa, tornando da mia madre e mia sorella in quanto non sono più riuscito a mantenermi da solo. Tutte le mie abitudini di vita, il mio modo di pensare e le mie azioni erano cambiate, ho provato ad adattarmi cercando un lavoro, ma non l'ho trovato subito, infatti la situazione non era delle più rosee, proprio come oggi.

A giugno dello stesso anno mi sono trasferito dalla famiglia di mia madre a Roma, poiché ho pensato che in una realtà più grande avrei ottenuto un impiego con più probabilità, ma sono trascorsi mesi senza trovare nulla, neanche la stagione estiva mi ha graziato. Cercando lavoro su di un giornale della capitale, mi imbatto in un annuncio che parlava di un guadagno part-time senza stipendio fisso mensile, ma con la sola opportunità di guadagnare in base alla propria produttività. No, per carità! Necessitavo di soldi a fine mese e non avevo voglia di un'altra fregatura, qualcuno che ti fa entrare in qualche giro di vendita o magari in altri meccanismi piramidali, catene di S. Antonio o sistemi Ponzi.

Con tutti quei pregiudizi e i miei parenti che mi hanno messo in guardia più e più volte, mi sono lo stesso presentato al colloquio, avevo davvero bisogno di soldi e ho pensato che avrei potuto pur sempre dire di no. Una cosa mi è stata chiara: no fisso a fine mese ma guadagno per quanto avrei prodotto, cioè guadagno potenzialmente illimitato.

Un signore sulla cinquantina che sapeva il fatto suo mi ha presentato l'opportunità direttamente nella sede dell'azienda in questione e ho capito che era proprio ciò che stavo cercando: legale, sicuro, senza investimenti (non avevo soldi) e non ci avrei perso nulla a provare.

In quel periodo, come sai, stavo cercando qualcosa che mi potesse portare una posizione, per cui tutti sarebbero stati fieri di me senza dover per forza indossare un'uniforme. Ho scoperto che non si trattava di una semplice attività di vendita, ma di un modello legale che addirittura viene studiato all'Università della Bocconi di Milano: il Multilevel Marketing (MLM) o Network Marketing.

Ciò che mi ha colpito è stato che la compagnia andava avanti da oltre 30 anni senza pubblicità e con il solo passaparola. Quest'ultimo funziona solo se il prodotto è valido, perché chi lo usa, se capisce che è una fregatura, non lo compra più. Senza dilungarmi troppo in un qualcosa che non ti interessa, vorrei solo farti comprendere che questo "nuovo" mondo mi ha aperto la mente permettendomi di formulare considerazioni vincenti che servono anche a te e sono indispensabili per la tua riuscita.

Seguimi attentamente nel ragionamento che sto per esporti: il fatto di non avere uno stipendio fisso e capire che c'è la possibilità di avere un guadagno non solo direttamente da una mera vendita ma anche dal creare un'organizzazione solida di persone che fanno quello che fai tu, mi ha fatto capire che anche se quel lavoro non avesse mai funzionato, io avrei comunque imparato molto dal punto di vista di crescita personale. Intendo dire che guadagnare a seconda di quanto riesci a produrre e far sì che un'azienda ti paghi e ti premi se produci e non solo se "scaldi la sedia", ti fa subito capire che tutto dipende da te.

Ho cominciato a partecipare a corsi di formazione con alcuni tra i massimi esperti a livello nazionale e mondiale, sia nel campo della vendita che nel campo della nutrizione.

Vorrei soffermarmi in particolare su quest'ultimo punto perché ho avuto la possibilità di partecipare a corsi di formazione nutrizionale del Prof. Luois Ignarro, premio Nobel nel campo della medicina cardiovascolare, del "Best Doctor" negli Stati Uniti Dott. David Heber, autore de "La dieta a colori", rettore dell'Università UCLA e tra i massimi esperti in nutrizione al mondo.

Ho conosciuto leggende dello sport come Igor Cassina, Massimo Rosolino, Arianna Errigo, Samantha Clayton e molti altri. Ho parlato con molti di loro e alcuni sono ancora miei amici, ho imparato una quantità enorme di informazioni su argomenti utili che determineranno in maniera diretta la mia vittoria per il concorso e nei prossimi capitoli andremo a sviscerarlo affinché tu possa utilizzarlo. Lo concentrerò, te lo regalerò e ti toglierò il peso di spendere anni e migliaia di euro in formazione.

Una base fondamentale è: non finirai mai di imparare, studiare, crescere e migliorare fintanto che accetti questa realtà. Ancora oggi mi aggiro in questi ambienti per trarre informazioni il più possibile, rimanere aggiornato dai migliori e utilizzare il tutto nel mio ambito professionale attuale. Tutte queste realtà mi hanno portato anche a voler scrivere questo libro e a prendere atto del fatto che posso mostrarti come, dalla tua situazione, vincerai.

Arriva luglio 2013. Stavo tagliando l'erba in una vigna del mio paese per qualche soldo e sul sentiero davanti al mio passo ho dovuto oltrepassare un pozzo, ma qualcosa è andato storto poiché appena salito su di esso, la copertura ha ceduto facendomi inghiottire da quell'inferno di ombra.

In quell'istante ho avuto la sensazione di trovarmi in un tubo di incredibile profondità e ho guardato verso l'alto la luce del cielo estivo che si allontanava da me velocemente pensando: "Ma quando arriva il fondo?". Per mia fortuna una lastra di metallo posta in verticale ha rallentato la mia caduta accompagnando i miei piedi che sono scivolati su di essa fino a incontrare l'acqua gelida.

Per istinto ho guardato verso l'alto e sono stato baciato ancora una volta dalla dea bendata poiché la copertura in lamiera si è fermata a pochi centimetri dalla mia testa, la maschera rigida che indossavo sul volto per ripararmi da schegge e pietre durante la rasatura dei prati ha fatto il suo lavoro, schermandomi la fronte dalla rovinosa caduta del decespugliatore, voltato dalla parte del motore che pesava oltre 5 kg.

Mi è bastato chiamare "aiuto" affinché mi raggiungesse il proprietario del vigneto che, guardandomi e imprecando, mi ha gettato una fune. Le pareti erano scivolose e non sono riuscito ad aggrapparmi neanche con l'ausilio di quest'ultima, ma poi l'ho avvolta sotto le ascelle e il proprietario ha appeso l'estremità al ciliegio lì vicino.

Ho puntato i piedi contro la parete di fronte a me e la schiena contro quella opposta come fossi seduto, un passetto alla volta ho staccato la schiena dalla parete viscida e mi sono issato di pochi centimetri aiutandomi con la fune che a ognuno di essi veniva accorciata dal contadino sfruttando la circonferenza dell'albero.

Sono uscito dalla bocca dell'oblio completamente illeso e con sguardo rivolto al fondo di chi voleva la mia vita ma non l'aveva avuta, ho ringraziato la sua bontà nel restituirmi al cielo e constatato di aver fatto un salto di oltre 4 metri. Tutto ciò mi ha lasciato un segno indelebile, una cicatrice che mi ha fatto capire quanto sia importante non perdere tempo, quanto sia necessario vivere sempre con senso di urgenza senza rimandare nulla al caso e al domani. Agisci in questo modo e non avrai problemi a guadagnare la tua ricompensa.

È giunto settembre 2014, l'attività in MLM non stava andando male, ma il pallino della non realizzazione nei concorsi mi è rimasto in testa e ancora una volta ho deciso che io avrei dovuto dimostrare a me stesso che ce l'avrei fatta con le Forze Armate (FFAA). Così sono tornato nuovamente ad abitare da mia madre inghiottendo il rospo e sono venuto a conoscenza del bando appena pubblicato per Allievi Marescialli CC.

In quegli anni ho curato il mio fisico in maniera meticolosa grazie agli insegnamenti che avevo carpito dai migliori al mondo. Non sono mai stato un grande sportivo, ma sicuramente seguo un'alimentazione corretta e ho avuto i miei risultati poiché in totale sono sceso di oltre 80 kg di massa grassa in favore di un aumento di massa magra, acquistando un'energia e una concentrazione incredibili.

Ho notato, per esempio, l'assenza di sonnolenza dopo i pasti, magari non ti riguarda, ma la nutrizione corretta che io sto seguendo è stata determinante per studiare durante gli ultimi concorsi dal 2014 all'arruolamento: sono riuscito a studiare anche 12 ore al giorno ininterrottamente per almeno 4 settimane, alcune volte anche 16 ore di seguito.

La concentrazione non mi è mancata, la lucidità mentale e l'energia per poi allenarmi sono diventate una routine. Portato da questa nuova ondata di autostima, dagli insegnamenti recepiti nella formazione per la professione del Network Marketing, dal mio "nuovo" fisico, dalla sicurezza che avrei fatto la differenza con le mie sole forze e dalla rinascita dovuta anche alla riprogrammazione mentale, ho presentato la domanda e alla prima prova di quiz di cultura generale ho ottenuto il massimo punteggio.

Alla seconda prova qualcosa mi ha di nuovo fermato, non ci crederai, ma è stata la seconda volta che non ho eseguito le analisi per lo stesso valore del sangue del VFP1 EI di pochi anni prima. Anche quella volta mi sono affidato a quel medico e sono rimasto deluso, ho pensato di non avere più possibilità.

Nel 2014 avevo 24 anni e avevo ancora una possibilità, ma la mia mente, essendo ancora una volta abbattuta, non ha visto alternativa e mi sono subito andato a lamentare di questo con quel mio famoso amico che intanto aveva vinto già due concorsi, credendo di aver fatto tutto il possibile e che sta volta sarebbe finita per sempre.

Un giorno di dicembre 2014, durante una delle tante lamentele tra me e me, ho ripercorso nella mia testa le dinamiche di quello che stava accadendo: ricevuto un feedback negativo, stavo per crollare di nuovo e creare una "nuova credenza" controproducente. Al che mi sono fermato a riflettere e questa volta ho optato per cambiare

le mie credenze in relazione al risultato che avrei voluto ottenere:
la vittoria.

Constatato ciò ho come "sbloccato" la mia mente rendendomi
conto che l'ultima vera possibilità sarebbe stata il concorso Allievi
Marescialli di marzo 2015 per EI, AM e MM. Ma cosa è successo?
Sicuramente ti sarà capitato tante volte di voler comprare
un'automobile oppure aver sentito una canzone per la prima volta
che ti ha colpito in un qualche modo. In entrambi i casi hai iniziato
a vedere quell'automobile o sentire quella canzone più spesso di
prima, continuando a notare tutto ciò, come una specie di
persecuzione, ma è tutt'altro fuorché questo.

Il tuo cervello è in grado di selezionare qualcosa che ti colpisce per
un motivo (razionale o meno), conservarlo nella memoria e
tenertelo presente. Come se perdessi una moneta in un prato:
abbasseresti lo sguardo, cominceresti a scrutare tra i fili d'erba ma
senza notarli perché cerchi solo la moneta.

Trasportando il concetto a ciò che mi è accaduto, sono stato
negativamente focalizzato su una determinata situazione non
vedendo nient'altro. Questo processo è alquanto pericoloso, ma tu

imparerai a usarlo a tuo vantaggio comprendendo che non devi focalizzarti sul "non riuscire", ma sul "riuscire". Per meglio dire su ciò che ti serve. Con tutto il lavoro fatto fino a ora, hai già metabolizzato qual è il tuo obiettivo e cosa soddisferai raggiungendolo.

Ora devi comprendere come non perdere la concentrazione da esso e a sfruttare quel meccanismo naturale che ti permette di selezionare solo ciò che vuoi vedere. Rimanendo fisso sul tuo scopo, ciò che devi vedere è solo quello che ti serve per vincere e non una versione che crei tu, perché non ci sono azioni che comunque ti permettono di mantenere le abitudini deleterie che non ti fanno raggiungere la ricompensa.

Hai visto in precedenza cosa ti ostacola, ora è il momento di imparare ad applicare ciò che ti serve. Ti faccio un ultimo esempio banale: pensa di avere male a un ginocchio e vai dal medico generico per farti prescrivere una medicina, darti qualche consiglio sul ginocchio oppure indicarti un fisioterapista o un ortopedico, ma lui, invece, ti consiglia di andare dal medico dietologo. "Mi prendi in giro? Io ho male a un ginocchio non ho problemi di alimentazione!".

Quindi ti lamenti di quel medico, vai da un altro, ma anche il secondo ti suggerisce la medesima cosa, poi un terzo e così via, fino a che non trovi un medico che ti prescrive un antinfiammatorio e sei finalmente soddisfatto. Ma ti sei chiesto come mai già dal primo medico sei stato invitato a rivolgerti a un dietologo? Magari ha notato che sei in sovrappeso e gravi sulle ginocchia, che sei sottopeso e ti serve un buon regime nutrizionale che soddisfi le tue mancanze che ti hanno portato ad avere quel problema.

Ancora una volta ti sei focalizzato su una determinata questione perdendo di vista l'occasione di risolvere il vero problema, ancora una volta cerchi di curare i sintomi e non la vera causa scatenante. Ecco cosa significa porre l'attenzione sulle cose giuste: afferrare la tua credenza e tramutarla in qualcosa di rivolto all'obiettivo, cioè curarti definitivamente il ginocchio capendo che sei sovrappeso, non formulare una nuova credenza che sia solo una scusa per non guardare in faccia la realtà delle cose.

In http://www.concorsovincente.it ho creato "*Esercizio – Focalizza l'ago nel pagliaio*", che ti spiega come prendere le abitudini che ti ostacolano e tramutarle in azioni che ti fanno vincere attraverso esempi, spiegazioni e tabelle per renderti il lavoro più semplice.

Allievo Maresciallo EI e MM

I concorsi Allievo Maresciallo EI e MM sono stati concomitanti tra l'aprile del 2015 fino all'arruolamento del 30 settembre nello stesso anno ma ti parlerò di ognuno singolarmente. I miei cambiamenti dal punto di vista fisico, di energia e mentali, mi hanno portato a studiare minimo 12 ore al giorno in maniera continuativa per tutte le settimane che mi separavano dalle varie prove.

Il primo è quello per la MM. La prima fase è stato un test preselettivo con risposte a scelta multipla, cui ogni domanda sbagliata decurtava parte del punteggio. L'unico modo per vincere sarebbe stato mirare a prendere il massimo, non ero riuscito nell'intento per soli due errori a causa della stessa svista che ho avuto per il quiz della GdF, cioè ho scambiato una risposta per un'altra, perché non avevo ancora utilizzato un righello. Sono passato comunque alla seconda prova: visita medica, prove fisiche e colloquio attitudinale assieme in 5 giorni ad Ancona.

Tutto è filato liscio, non ti darò tutti i dettagli adesso, li "gusterai" nei capitoli a venire negli aneddoti e nelle testimonianze varie. La cosa che voglio mostrarti però è il perché non sono stato vincitore ma solo idoneo: una questione di punteggio. Ma è una cosa ovvia! Se non si vince ma si è idonei, è solamente a causa del punteggio!

Voglio evidenziarti che non sono risultato vincitore per quei singoli due errori, come in GdF, dove qualche centesimo di punto mi ha buttato fuori. Ciò che ricordo di quei momenti è la selezione attitudinale dello staff del colloquio psico-attitudinale. A quel tirocinio abbiamo partecipato in oltre 30 candidati, ma dopo quella singola fase siamo rimasti in 14.

Non ho mai avuto problemi con le commissioni psico-attitudinali, questi sono i punti fondamentali su cui batto: la tua attitudine, il tuo atteggiamento e la tua reazione a ciò che accade intorno a te. Io ti informerò e farò sì che tu sia pronto al 100% per quel momento, senza dubbi, ma con la convinzione assoluta che tutto dipende da te e non da un capriccio o un'idea sbagliata che qualcuno ha su di te, perché nessuno ha preconcetti sul tuo conto e nessuno ti squadra dall'alto in basso se non per metterti alla prova.

Non appena entri nella condizione di capire che tutto è studiato solo per metterti alle strette, ti senti più distaccato, di conseguenza razionale e lucido. Rimandiamo il discorso a più avanti, ora ti chiedo soltanto di fare *"Esercizio – Cosa pensano gli altri di te?"*. Stila l'elenco delle tue caratteristiche fisiche e caratteriali che gli altri, a tuo dire, pensano nei tuoi confronti.

Dopo averlo fatto intervista almeno 3 conoscenti abbastanza sinceri che ti dicano cosa pensano di te e se condividono ciò che fa parte dell'elenco che hai appena stilato. Ora sai che cosa gli altri pensano di te e quello che tu hai pensato di te stesso, e attraverso lo schema *"Credenze → Azioni → Risultato → Feedback → Nuove Credenze"* puoi modificare le credenze ostacolanti che ne deduci per correggerti e arrivare preparato ai prossimi capitoli. Svolgilo reperendo il materiale su http://www.concorsovincente.it , vedrai che ti sarà tutto estremamente semplice.

Vediamo invece il concorso EI. È iniziato con la prova di preselezione, nella quale ho commesso pochi errori che mi hanno permesso di essere dentro con i punteggi: mi sarebbe bastato comportarmi bene durante le prove fisiche e sarei stato idoneo vincitore. Giunto alle prove di efficienza fisica, ero convinto di me stesso, tant'è che alla prima prova, i 1.000 metri di corsa piana, ho chiusi in 3 minuti e 28 secondi senza allenamento pregresso.

Non sto scherzando, all'età di 25 anni, col mio passato da super-obeso, senza allenarmi e aver mai fatto uno sport del genere, sono riuscito ad arrivare a questo risultato, che non è niente di particolare, ma per chi è nelle mie condizioni vuol dire molto. L'unica disciplina per cui mi sono preparato è stata quella del salto in alto. Durante gli allenamenti saltavo regolarmente da fermo 1 metro e 20 centimetri senza neanche prendere la rincorsa, ma in sede di concorso un'altra storia. Ho avuto tre tentativi: col primo andato a buon fine si prendeva il massimo, al secondo un po' di meno e col terzo il minimo.

Io non ho azzeccato neanche un tentativo su tre ottenendo punteggio nullo. Perché? Non ero super convinto di me stesso, così forte da riuscirvi o così motivato? Ogni volta che compi un'azione le tue credenze ti condizionano inevitabilmente, dunque devi lavorare su ognuna di esse riprogrammandole costantemente affinché le tue azioni risultino sempre in linea con l'obiettivo.

In quei momenti non ho avuto successo nel farlo e ho pensato qualcosa che è diventato un irremovibile chiodo fisso nella mia mente: "So di poter fare il salto in alto, ci sono già riuscito, ma qui è diverso perché tutti mi stanno guardando e valutando". Questo ha distrutto tutto il lavoro che ho fatto per riprogrammare le mie credenze fino ad allora.

Non permettere che gli altri ti condizionino, non pensare a quello che gli altri credono su di te in quel momento, perché ripetendotelo come ho fatto io, potrebbero diventare le tue credenze su te stesso. Utilizza solo le credenze che ti servono per vincere quel frangente. Prima ti ho fatto correggere le credenze ostacolanti attraverso l'ausilio dell'opinione degli altri, adesso usale a tuo vantaggio e non far sì che la loro negatività diventi la tua.

Prendi le cose negative che pensavano su di te e sfruttale per migliorare la tua posizione in quel momento, ma non ti curare di loro, sentiti solo e libero, senza nessuno che ti giudica. Ho cantato per molti anni di fronte a un pubblico, e paradossalmente, nonostante ci si esibisca per loro, bisogna far finta che quel qualcuno non sia lì presente, che nessuno ti stia giudicando e che nessuno ti possa fermare.

Devi esprimerti al meglio e per farlo hai bisogno di nuovo di pensare di essere solo. Come pensi di essere solo? Semplice, con l'esercizio che abbiamo fatto prima, relativo alla capacità di utilizzare la tua immaginazione. Chiudi gli occhi, pensa di essere solo, che a fianco a te sia tutto vuoto oppure pensa esattamente come quando eri solo e ti allenavi riuscendo a fare quella determinata cosa per cui ti stavi preparando. Potrebbe esserci anche un caos incredibile durante la prova, gente che ride di te, persone che si girano dall'altra parte, ma in ogni caso tu non li senti e non li vedi. Apri gli occhi quando sei pronto ed esibisciti solo nei confronti di te stesso.

Ho notato la mia crescita a livello mentale per la prima volta all'età di 12 anni a causa del fatto che è avvenuto un cambiamento incredibilmente veloce. Ho sempre cantato come se fosse stata una cosa normale dall'età di quattro anni, come se nessuno mi giudicasse, anche davanti a centinaia di persone, parlo di cantare da solista, quindi da solo di fronte a chi ti sta ascoltando.

Improvvisamente quel giorno nel 2002, mentre stavo per cantare al matrimonio di una cara amica, ho notato che la chiesa era stracolma di persone, più di 200. Ne ho fatte di peggio, ma quel giorno mi sono accorto che c'era qualcosa di diverso in me: non sono riuscito a fermare una certa sensazione di disagio e difficoltà nel far uscire la mia voce.

Ho cantato comunque e benissimo, ma ho capito già da allora che stavo crescendo, cioè il mio inconscio e la mia ragione erano cambiati e stavo raggiungendo la maturità. È cominciata l'adolescenza, non sono qui a farti una lezione di psicanalisi, ma ti dico ciò che è successo nella pratica.

Tornando a noi, al momento del salto in alto, mi sono trovato solo ma comunque con qualcun altro dentro di me: non mi stava piacendo, non mi ero preparato per questo e così ho fallito già dal primo salto. Inutile dire che gli altri due li ho tentati solo per inerzia poiché già il primo salto mi ha scaraventato a terra il morale.

Mi sono fatto condizionare anche per tutte le altre prove, le ho passate ma non si sono rivelate al top delle aspettative. Non ero ancora abbastanza maturo, avrei dovuto realmente assimilare ciò che avevo studiato e conoscevo. Non basta studiare, devi diventare ciò che conosci per arrivare dove vuoi con la pratica.

La vittoria

Qui ti mostrerò il percorso verso la vittoria per Allievi Marescialli AM. Per EI e MM non mi sono soffermato troppo, poiché è giusto che tu capisca di più che cosa è necessario "fare" per avere successo e non cosa "non fare". Cosa intendo? Se ci fai caso, quando ti dicono di non pensare a qualcosa, tu ci pensi per forza, come mi è accaduto durante il salto in alto per EI. Più ho ripetuto tra me e me di non far caso a chi mi stava osservando in quel momento, più è stato inevitabile non farlo.

Questo accade perché il nostro cervello funziona per input, cioè informazioni che gli vengono fornite e lui in automatico elabora. Immagina di essere un cameriere e il titolare ti dice "Non rompere i piatti". Subito hai in mente l'immagine dei piatti rotti, in automatico anche le conseguenze razionali (perdere il lavoro, fare una brutta figura, ecc.), gli stati d'animo annessi allo sciagurato evento e le dinamiche fisiche dell'accaduto (il movimento che attui quando stai rompendo i piatti e in base a questo compi altri movimenti più prudenti).

Perché è così importante fare in modo che il tuo cervello non visualizzi la cosa che non vuoi? Ma soprattutto puoi riuscirci? Ora ti risponderò. Il tuo cervello non è in grado di comprendere il "Non", ma distingue benissimo l'azione "rompere i piatti". Per meglio dire, prende semplicemente l'immagine che gli fornisci: in questo momento in testa tu hai i piatti rotti e stai provando la sensazione di quando li rompi. La mente è programmata proprio per agire di conseguenza a ciò che tu "gli presenti" e non in base a ciò che "non gli presenti".

Attraverso la memoria registri un'informazione e da quel momento è creata vividamente come una foto impressa nel tuo cervello. Come capisci da solo, questa idea nella testa ha effetto poiché è presente, al contrario di una che semplicemente non esiste.

Per "effetto" intendo l'impatto che ha sulle tue azioni, quelle che ti portano ai risultati sperati, cioè mantenere i piatti integri. Ti basta allora essere condizionato solo verso il risultato che vuoi ottenere, ciò selezionando le informazioni che ti arrivano. Comprenderai ancora meglio il concetto di selezionare le informazioni con un esempio opposto, cioè ti viene proposta un'informazione positiva, rivolta al risultato sperato e non alle conseguenze di un'azione negativa che porterebbe a un risultato non voluto.

Nello specifico non ti mostro la soluzione positiva al problema del cameriere e i piatti rotti (che sarebbe "Afferra i piatti saldamente") perché l'idea dei piatti rotti ormai ti ha condizionato e quindi continueresti a pensarli. Visualizza invece di essere un candidato durante il tirocinio militare. Stai mangiando a mensa e un militare ti dice: "Si tenga distante dal tavolo".

La tua mente imprimerà un'istantanea delle conseguenze razionali (tipo "Farò bella figura seguendo il consiglio", "Risulterò un candidato ordinato con la mia camicia pulita poiché ben lontana dal piatto di spaghetti al pomodoro", ecc.), degli stati d'animo annessi al lieto evento e le dinamiche fisiche dell'accaduto (il fatto di essere seduto e poi compiere movimenti sicuri e risolutivi nell'allontanarti, ecc.).

Ora ti sei immaginato la camicia pulita e tutto nel tuo cervello risulta più sicuro, ma fai attenzione a non immaginare una camicia sporca. Infatti, la questione fondamentale è proprio riuscire comunque a immaginare la situazione migliore. Lo so per certo che per natura sei portato a pensare all'eventualità negativa, perché adesso hai paura di fare brutta figura.

Devi lavorare proprio su questo: pensa sempre all'eventualità positiva, in modo tale che quando ti diranno "Non rompere i piatti" penserai che ti hanno detto "Afferra i piatti saldamente" e quando ti diranno "Si tenga distante dal tavolo mentre mangia" non penserai "Non devo sporcarmi". Impara a convertire l'immagine negativa che ti arriva (non) tramutandola in una positiva degna di essere data "in pasto" al tuo cervello.

Non cercare solo l'opposto, ma la soluzione vera e propria. Quando l'hai trovata sfrutta l'arte della visualizzazione per rendere vivida in te quella splendida alternativa. Continua a esercitarti ogni giorno anche con chi hai intorno.

Ho voluto creare *"Esercizio – Scatta solo istantanee positive"*, dove imparerai come fare nel dettaglio e ti propongo alcune delle obiezioni o domande negative che ti possono essere poste in sede di concorso sul sito http://www.concorsovincente.it . Dopo l'esercizio diventerai quasi pienamente consapevole, più avanti ti regalerò un gran numero di affermazioni standard da pronunciare per riprogrammarti.

Non ti preoccupare, nessuno vuole cambiarti, ma sappi che sei in grado di ottenere ciò che vuoi. Questi eventi esterni, come detto, ti stimolano e consistono in ciò che i tuoi sensi possono recepire e che quindi sono in grado di far entrare dentro di te (frasi, odori, suoni, situazioni, emozioni, ecc.). Sono "input" che, nel momento in cui ti raggiungono, si incontrano con quelle che possiamo definire le tue "griglie interpretative". Esse sono l'insieme di conoscenze pregresse e pregiudizi che hai nei confronti di quei segnali esterni che vengono come "filtrati".

Immagina che gli input siano trasportati da un fiume sotto forma di detriti e liquidi. Ti fluiscono dentro solo quelli che la tua griglia non riesce a filtrare, un vero e proprio setaccio. Puoi scegliere di modificare la griglia affinché un detrito penetri dentro di te o si fermi all'esterno. Sarai in grado di farlo attraverso il sistema che ormai hai compreso e assimilato *"Credenze → Azioni → Risultato → Feedback → Nuove Credenze"*.

Ti serve decidere cosa entra nella tua mente perché è quello a condizionarti. Lo hai appena visto con l'esercizio precedente: hai dato "Immagini Positive" come nutrimento al tuo cervello in risposta alle "Affermazioni Negative o Generiche" che provenivano dall'esterno. Cosa sono nello specifico questi input? Tutto. Immagina di camminare sul marciapiede di mattonelle della tua città e alla tua destra vedi una vetrina di una panetteria con tanti dolci esposti, odori il loro profumo e così decidi di comperare proprio quel cornetto che tanto ti ha attirato. Entri e ti rivolgi al panettiere chiedendogli cortesemente proprio quella leccornia.

Fuori è una giornata piovosa, gli zampilli che le gocce di acqua creano nell'infrangersi con lo sporco e freddo asfalto imbrattano la luminosa vetrina del negozietto e producono un tintinnio che da ritmo ai tuoi pensieri. Affianco a te è presente una donna cui fai notare come la giornata sia uggiosa. Lei ti risponde che di solito c'è il sole, tu però vivi lì da cinque anni, sai che non è così e in maniera gentile glielo appunti ad alta voce.

La donna ribatte con garbo che da quando lei era bambina le cose sono cambiate. Tu non sei ancora d'accordo ma lo tieni per te. Appena finito l'incarto della merce, paghi con le monete fredde del tuo borsellino. Afferri lo scontrino e torni in strada, apri il pacchetto, ne mangi con gusto e assapori una delizia che soddisfa tutto ciò che hai compiuto fino ad allora. Come tutte le cose buone, osservi a malincuore che la confezione è vuota e decidi di accartocciarla e tenerla in tasca, in attesa di incontrare un bidone dell'immondizia. Prendendo spunto dagli avvenimenti, hai notato di aver ricevuto differenti input. Li riassumo in tre tipologie principali.

"Razionali": i ragionamenti puramente logici e relativi alle situazioni, ad esempio la tua valutazione relativa al tempo atmosferico o il decidere di non voler controbattere alla donna.

"Fisici o dei sensi": sensazioni fisiche provenienti dalla tua interazione materiale con l'ambiente esterno attraverso i tuoi cinque sensi, come il freddo, gli aromi o i sapori.

"Emotivi": sentimenti che hai provato interiormente rispetto agli eventi accaduti, sia materiali che no, come la sensazione di disappunto relativa alla discussione sul tempo atmosferico o lo stato di reazione emotiva che hai provato dopo aver odorato un buon profumo, toccato il metallo freddo, ecc. Ecco cosa viene nello schema seguente.

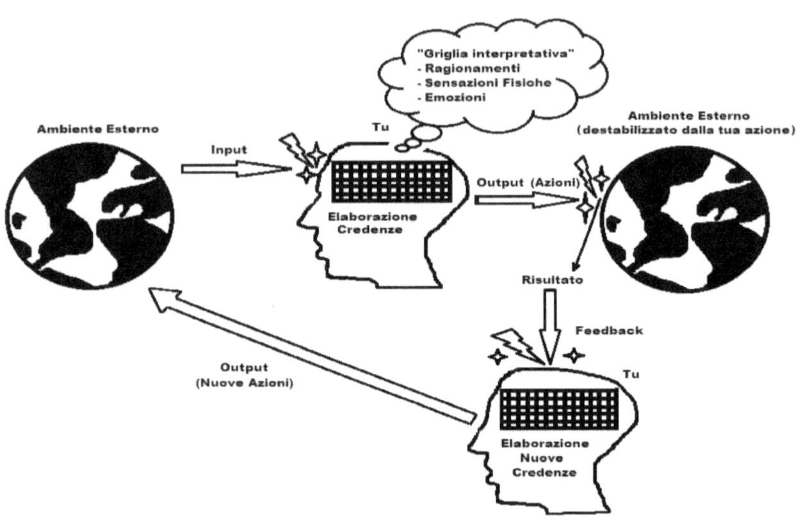

Il tuo corpo e la tua mente lavorano insieme per ricevere un'informazione dall'esterno (input), elaborarla all'interno (formulando una credenza), esternarla verso l'ambiente (commettere un'azione di "output" verso l'esterno), provocare una reazione da parte di esso (risultato che hai raggiunto rompendo un equilibrio ambientale pre-esistente) e infine valutare l'eventuale situazione che hai provocato (feedback) per ricevere un nuovo input dall'esterno e ricominciare il ciclo.

Se per esempio provi gusto per il cornetto, lo esterni verso di te con un sentimento o magari verso qualcuno attraverso una considerazione verbale o un gesto. Successivamente, rompendo un equilibrio antecedente, osservi che risultato ottieni. Le tue emozioni, i tuoi sensi e i tuoi ragionamenti ricevono e filtrano costantemente. Durante queste due fasi sono l'uno la causa e la conseguenza dell'altro poiché collaborano in sinergia per far sì che tu riesca a rispondere a un evento esterno e a reagire.

I tre mattoni della tua griglia producono le tue credenze che ti servono ad agire, l'azione comporta il risultato e lo valuterai di nuovo attraverso questi tre producendo un feedback. Il feedback modificherà inevitabilmente la griglia che di conseguenza produrrà nuove credenze. Essa non risulterà mai statica, ma dinamica e in continua evoluzione.

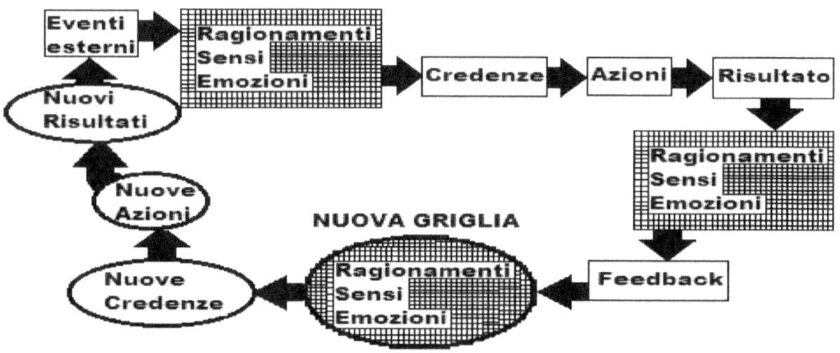

La gente là fuori è convinta che sia impossibile governare le proprie emozioni e quindi che si agisca solo in base a esse. Pensiamo ad esempi estremi come il suicidio o nel caso di un concorso a mollare durante un test per cui magari sei preparato. In realtà, come hai capito, dato che le emozioni possono essere una conseguenza dei tuoi ragionamenti o delle tue sensazioni fisiche, se riesci a governare la tua ragione e le tue sensazioni fisiche, in automatico e inevitabilmente governerai anche le tue emozioni.

Sono arrivato a questo punto perché è necessario farti prendere atto che puoi governare le tue emozioni, ma non parlo a livello di gestire ciò che le emozioni creano in te: non è che se ti viene da piangere, puoi affermare di avere il controllo perché fermi le lacrime. Sei capace a gestire l'emozione nel momento in cui riesci a non percepirla più, cioè la tua ragione e le tue sensazioni fisiche l'hanno condizionata.

Ora che sai che puoi scegliere tu la griglia, sai che ti basta ragionare per governare le emozioni e conosci il metodo per cambiare le tue credenze. Non ti manca più nulla. Perché dico questo? Te lo spiegherò con un esempio. Hai un prurito (sensazione fisica) proverai un'emozione associata (fastidio) e la tua ragione interpreterà se grattarti o no e con quali modalità. Ti gratterai, proverai una sensazione fisica piacevole, la tua emozione sarà di sollievo, la tua ragione interpreterà dicendo che hai fatto la cosa giusta. È comunque possibile cambiare la tua credenza sul fatto che un prurito sia un fastidio? Per meglio dire, puoi far sì che il prurito ti diventi indifferente o addirittura un sollievo? La risposta è sì.

Quando utilizzi delle posizioni militari formali, per esempio durante un tirocinio militare oppure quando ti arruoli, sai che è tuo dovere stare fermo anche con pruriti, starnuti, sensazioni di tosse e ben altro di peggiore. Se sei un militare o ex e già hai i tuoi metodi per riuscire a superare gli eventi, sono certo che quello che ti ho appena detto ha cambiato il tuo modo di vedere le cose.

Come farai a rimanere fermo e immobile in una posizione formale per ore senza muoverti? In questo caso, come trucco del mestiere, associ un'emozione positiva o di indifferenza totale a un fastidio fisico. Nella pratica condizioni la sensazione fisica spiacevole con un'emozione di indifferenza o piacere, questa sarà supportata dal tuo ragionamento per cui non ti devi muovere per nessun motivo.

Come vedi puoi ordinare al tuo corpo di percepire una determinata sensazione fisica, di congetturare un ragionamento o provare un'emozione solo lavorando soprattutto su due delle tre componenti. Opera su due e riuscirai da subito ad avvalorare o ad affossare la terza. Andiamo a vedere l'esempio in cui vuoi trovare una soluzione razionale a un problema sorto durante una prova scritta di matematica. Conoscendo il potere della griglia, decidi di lavorare su emozioni e sensazioni fisiche come segue.

Prima di tutto pensa all'emozione che hai percepito quando hai scovato una soluzione per un qualsiasi problema nella tua vita, quella sensazione di genialità (magari quando hai conquistato la tua metà o hai trovato un modo per aiutare qualcuno di caro). Come ti sentivi? Devi provare quella sensazione dentro di te come se già avessi la risposta e la soluzione a quel problema. La sensazione di potere che ne deriva, la soddisfazione e il senso di successo e raggiungimento dell'obiettivo.

Ora muovi il tuo corpo come se già avessi la soluzione: comincia a sorridere, a fare uno sguardo convinto e determinato come se già avessi la soluzione del problema in mente, immedesimati nel genio di turno. Ciò ti aiuta anche a sentirti meglio emotivamente (ecco un altro esempio di come interagiscono le tre tipologie tra loro).

Osserva cosa asseriva il filosofo Immanuel Kant oltre duecento anni fa: *"La risata produce una sensazione di benessere attraverso lo stimolo di processi organici vitali; un'emozione che muove gli intestini e il diaframma; in una parola una sensazione di salute ben percepibile da ognuno: in questo modo noi possiamo raggiungere il corpo attraverso l'anima e servirci di quest'ultima come medico del primo."*

Scommetto che mentre ti dico queste parole tu già stai pensando come se avessi trovato una soluzione o ti sei anche minimamente immedesimato perché sei in grado di provare quell'emozione a tuo piacimento. Pensando a un esempio classico, durante prestazioni sportive, i tuoi ragionamenti e le tue emozioni realmente governano il corpo e fanno la differenza.

Ora per te l'espressione *"la mente governa il corpo"*, non è più un'ovvietà sentita mille volte dall'allenatore di turno o dai film. Posso riassumere il tutto con tre esempi differenti: se fai esercizio fisico devi governare la tua ragione e le tue emozioni; se fai un test di matematica devi governare le tue emozioni e i tuoi 5 sensi; se ti sei innamorato devi governare la tua ragione e le tue sensazioni fisiche. Per l'ultimo caso, ti posso fare un semplice esempio. Sicuramente ti è capitato di provare attrazione per un'altra persona. Che cosa facevi per ottenere ciò che volevi?

Ti emozionavi, provavi cose importanti condizionandoti nel modo di ragionare, poiché le tue azioni, secondo la tua ragione, erano corrette in base a delle emozioni, tant'è che addirittura il tuo modo di camminare, quindi le sensazioni fisiche, cambiavano a seconda che tu fossi con l'altra persona, che fossi da solo e magari sperassi di averla a fianco a te o altro.

Utilizzo sentimenti come l'amore perché per natura riescono a farti provare sensazioni enormi che cambiano le tue azioni e più di tutti condizionano i tuoi ragionamenti e stati fisici. Ma ti sei mai chiesto perché? Perché ti permettono di immaginare, di immedesimarti nella realtà che vorresti, ti fanno concentrare sul futuro con l'altra persona, spesso ti addormenti e la sogni, magari mentre stai facendo quello che ti piacerebbe fare con lei, qualsiasi cosa. Non a caso Dante Alighieri ha espresso il concetto *"L'amor che move il sole e l'altre stelle" (Paradiso, XXXIII, v. 145).* Non è una verità nascosta, non ti ho detto niente di nuovo, ti ho solamente mostrato il potere che c'è dentro di te per metterti a conoscenza del fatto che puoi e devi ottenere il successo grazie a questo straordinario mezzo.

A questo punto hai aggiunto un qualcosa in più al semplice schema che ti permette di cambiare le tue credenze. Infatti, in *"Esercizio – Focalizza l'ago nel pagliaio"*, ti sei focalizzato semplicemente sul formulare una nuova credenza in maniera razionale basandoti su di un determinato input, poi hai immaginato a occhi chiusi tutto ciò che concerne la tua nuova credenza e ne deriva.

Se hai fatto l'esercizio, ricordi che ti ho fatto cambiare una tua credenza ostacolante sostituendola con una nuova credenza che ti aiuti, ti ho fatto immaginare a occhi chiusi e percepire veramente dentro te stesso quell'emozione che provi nel momento in cui vinci, quando la tua nuova credenza ha creato un risultato voluto.
Grazie a questa prima introduzione hai la possibilità di imparare veramente a credere in ciò che ti serve e a provare un'emozione incredibile anche solo nel voler cominciare a intraprendere la strada. Questo mi è stato indispensabile per continuare a fare i

concorsi, perché se io non fossi stato eccitato anche solo dall'idea di iniziare questo duro percorso, ora non sarei qui a regalarti la soluzione definitiva. A tal proposito, presta molta attenzione a ciò che ti sto per dire.

Durante il concorso Allievi Marescialli GdF, un ragazzo è risultato talmente in ansia che non ha voluto sostenere l'interrogazione orale di cultura nonostante fosse qualificato per essa. Se n'è andato 10 minuti prima di essere convocato. Analizza la situazione come avrebbe fatto il matematico francese René Descartes (più conosciuto in Italia come Cartesio). Egli ti insegna a scindere un problema in piccole parti per poi risolverle una a una e alla fine, rimettendole assieme, trovare la soluzione all'intero enigma.

Partiamo dall'idea di "paura", un qualcosa che provi nei confronti di un evento chiaro e definito. Per esempio puoi aver paura di nuotare, dell'altezza, dei ragni o di chissà cos'altro. Un'ansia, al contrario, è una paura indefinita nata dall'impatto che la tua mente ha di fronte a un salto nel vuoto, un lancio nell'oblio dello sconosciuto, la non consapevolezza di cosa ti aspetta. Come quando sono precipitato nel pozzo, non ho avuto paura, ma ansia dell'ignoto, di cosa mi avrebbe aspettato una volta raggiunto il fondo. L'ansia allora è semplicemente uno stato d'animo che nasce quando il tuo cervello si trova in una situazione (o di fronte a un'immagine) che non ha impresso nella sua memoria e che quindi non esisteva nel suo archivio di dati prima dell'impatto.

Ora sai cos'è, ma qual è la ragione per cui percepisci ansia? Perché il tuo cervello non vuole farti affrontare una situazione che non è presente nella sua memoria e che dunque lo mette a disagio in quanto si rivela quel tuffo nell'oscurità da cui non si sa se torni. Pensa a essa come una "medicina" che assumi per non buttarti a fare qualcosa.

Il candidato di cui ti ho appena parlato ha avuto paura dell'interrogazione, di non essere preparato oppure di fare una brutta figura? No, non aveva una paura perché nessuno di noi sapeva esattamente cosa ci sarebbe stato lì dentro, sapevamo solo che avremmo risposto a delle domande, che avremmo parlato di un qualcosa che ci avrebbero chiesto o magari di un argomento a piacere. Come potevi sapere cosa ti avrebbero chiesto? Sì, avresti potuto conoscere quelli che erano gli argomenti trattati secondo bando, ma come potevi nella realtà avere una paura?

Semplicemente non avresti potuto: le sue emozioni legate all'ansia hanno condizionato le sue caratteristiche fisiche (respiro affannoso, balbuzie, testa bassa, pupille che cambiano di forma, pugni stretti, ginocchia che ballano, mani che grattano la testa e sfregano le cosce, ecc.) e hanno governato la ragione ("Non ce la faccio", "Non ho studiato abbastanza", "E se poi mi chiedono…?", ecc.).

L'unico modo per prenderti gioco di essa è depistarla giocando proprio sui tre mattoni della tua griglia. Da qui nascono molti modi di dire: "agire senza una ragione apparente", "perdere il lume della ragione", "diventare irrazionali" o addirittura "perdere di lucidità mentale". Pensa a una rissa, una strage, una frode o a un qualsiasi tipo di realtà negativa che ti trovi davanti oppure che proviene dalla bocca di chi conosci, dai Mass Media, dal Web o dai Social Media.

Trovami una sola ragione valida per la quale sia giusto annientare un'altra persona per i propri scopi personali, una sola ragione che non sia un'emozione. Sai qual è la realtà dei fatti? La gente là fuori non conosce queste cose, non si sofferma a capire qual è il perché delle proprie azioni, a giudicare il risultato e a confrontare, a valutare o gestire un feedback.

Non stanno facendo quello che fai tu: hai compreso cos'è un obiettivo e in particolare il tuo, lo hai distinto dai motivi (il carburante) e hai imparato come agire in direzione di questo attraverso l'interazione volontaria della tua griglia interpretativa servendoti dello schema *"Credenze → Azioni → Risultato → Feedback → Nuove Credenze"*.

Durante la mia storia non mi soffermo sulle varie tipologie di test, i loro argomenti trattati, le prove fisiche o altro ancora: tutto può cambiare, addirittura le stesse fasi possono essere modificate, sostituite, scambiate o addirittura annullate del tutto, sia annualmente che durante una singola fase concorsuale. La PA, pur di mantenersi al passo coi tempi, modifica, migliora o attualizza le fasi a seconda delle leggi, dei tempi che corrono, del tipo di figure che sta cercando e delle varie esigenze. Guarda il mio caso, già ti ho spiegato che ci sono state differenze sostanziali tra i concorsi cui ho partecipato.

A te interessa un manuale attuabile per ogni concorso di Forza Armata, Forza di Polizia, enti pubblici in genere o perché no colloqui per aziende private, indipendentemente dalla tipologia specifica di prove o dal tempo che impieghi per vincerlo. L'unica costante sei tu e sempre la tua persona fa la differenza, niente di altro e nessun altro. Sai perché lo affermo in maniera così perentoria? Perché le parti fondamentali di un concorso non sono mai cambiate e dipendono solo da te. Te ne accorgerai leggendole, perché sono le seguenti:

1. Focalizza il tuo obiettivo (Dove rivolgo le mie capacità?).

2. Distingui i tuoi motivi e fa sì che diventino il tuo carburante (Perché ne vale davvero la pena?).

3. Comprendi il processo che ti porterà a ottenere la vittoria (Come vinco con le mie capacità attuali e quali devo implementare?).

4. Pianifica e programma la vittoria (Quali sono i passi da fare e in che ordine?).

5. Compromettiti (Sto realmente lavorando come se non ci fosse un'alternativa alla vittoria?).

6. Studia la dinamica del concorso e studia per le prove che ti aspettano (Che nutrimento devo fornire alla mia mente?).

7. Allenati e nutriti (Che nutrimento e che esercizio devo fornire al mio corpo?).

8. Sii costante (Sono pronto a perseguire il mio obiettivo fino al raggiungimento nonostante i "No", le incertezze e tutto il resto?).

9. Fa sì che diventi uno stile di vita e non un sacrificio (Cosa sono costantemente disposto a fare o a perdere per vincere?).

Col proseguire del manuale capirai tutto perché ti meriti che io scavi all'interno della realtà e ti raccolga l'essenza dei concetti per renderteli chiari e di pronto utilizzo: la pratica è tutto.

Proseguendo con il concorso AM, la mia prima fase è stato un quiz di cultura generale a risposta multipla di scrematura, per passare da circa 8.000 candidati a circa 1.300.

Mi sono preparato e non ho fatto nessun errore, finendo il test in meno di 13 minuti e posizionandomi quarto assoluto. Ho studiato tutta quella immensa banca dati che è stata fornita 3 settimane prima, composta da oltre 7.000 domande.

Non è stata inserita la risposta corretta ma saremmo stati noi candidati a doverla trovare. Come ho fatto nello specifico? Intanto ho sommato tutto quello che ti ho spiegato fino adesso e per cui già hai studiato e fatto esercizio, come lo schema *"Credenze → Azioni → Risultato → Feedback → Nuove Credenze"*, la visualizzazione dell'obiettivo, ecc.

Ora ti parlerò di un qualcosa che devi avere a priori, perché sarà quello a darti la spinta per studiare e vincere: non hai bisogno di pagare ripetizioni o scuole ad hoc, di denaro, di aiuti da parte di nessuno e di spendere migliaia di euro in corsi di formazione. L'unico motivo per cui vinci un concorso non è il fatto di aver studiato attraverso degli organi o delle associazioni che ti spiegano la matematica, la fisica, il test psico-attitudinale, il tema o altro, ma è il fatto che tu li hai pagati.

Per spiegarti ci viene in aiuto la mia esperienza nel settore delle vendite. Immagina di comprare un corso come quelli che esistono oggi, scuole in cui spendi oltre 5 o 6 mila euro per seguire lezioni preparatorie al concorso che vuoi intraprendere e così diventi il cliente di chi ti fornisce il servizio: ora ti sei "compromesso".

Quando sono stato venditore, finita la proposta del prodotto, avveniva la "chiusura": il cliente acquistava. Egli avrebbe sicuramente utilizzato il prodotto perché lo aveva pagato, usandolo raggiungeva sempre il suo obiettivo, ma il primo passo di servirsene lo aveva fatto perché aveva pagato. Quest'ultimo fatto lo aveva messo in condizione di doversi impegnare e con naturalezza ecco il manifestarsi del risultato voluto grazie a un prodotto che funziona ma che non sarebbe stato utilizzato se qualcuno non avesse "sganciato" per esso.

Adesso viene il bello: secondo te, pagare 50 o 100 euro, ti compromette come pagarne 6.000 o 7.000? Chiaro che no! Se tu mi paghi 7.000 euro, sei più propenso ad ascoltare quello che dico e per te le mie affermazioni sono "oro colato". Se un servizio così importante lo paghi 20 euro o addirittura nulla, come può essere questo manuale, tu non gli dai quel grande valore e quindi non ti comprometti allo stesso modo.

Il prodotto che però ti impegni a utilizzare perché lo hai pagato profumatamente deve funzionare e soddisfarti, se no è una fregatura. Il gioco è tutto qui: impara a comprometterti da solo e non essere la tua stessa fregatura. Sii fermamente consapevole che stai pagando con monete che si chiamano mezzi, energie e tempo.

Con questi "soldi" stai "acquistando" delle abilità durante la preparazione alle fasi concorsuali che ti porteranno alla vittoria. Adesso quanto pensi che valgano i soldi veri rispetto a quello che tu puoi pagare da solo? È il concetto dal quale sono partito per vincere il concorso.

Perché mi sono compromesso? Non ho avuto scelte, sono rimasto alle strette e da quando ho iniziato i concorsi lo sono sempre stato, non ho avuto alternativa perché non avevo né arte né parte, non ero laureato e neanche un grande studioso come hai capito e nessuno mi ha dato il cosiddetto "calcio".

Quando sei all'angolo e agisci per necessità non sei preparato, non puoi fare scelte dettate dalla ragione e ben pianificate, puoi sbagliare e perdere come me 4 anni: ecco perché ci ho messo tanto. Per Allievi Marescialli AM ho saputo esattamente che avevo bisogno delle 9 parti fondamentali di tutti i concorsi.

Ora la questione è: come mantenere questo stato mentale per tutta la durata del concorso così da manifestare l'atteggiamento giusto in ogni circostanza? Se tu per questo libro avessi pagato 7.000 euro, ciò che ti sto dicendo lo avresti seguito come fosse legge, ma dato che l'hai pagato nulla rispetto a quello che ti sto dando, è chiaro che lo prenderai con le pinze, quindi devo necessariamente farti lavorare sul tuo atteggiamento.

Per meglio dire, se entri nell'ottica di colui che sa di per certo che vincerà un concorso, sarai costantemente portato a fare tutto in base alla vittoria. Esempio pratico è la mia storia, dove hai già visto che usavo studiare dalle 12 alle 16 ore al giorno. Non è stato dovuto solo al mio voler ottenere un risultato in quanto mi è stato chiaro e preciso cosa ho voluto e perché, ma anche al rimanere dell'idea che io avrei vinto quel concorso, la vivida convinzione che a settembre 2015 sarei stato arruolato.

Le settimane antecedenti il quiz preselettivo, le azioni che ho intrapreso da quando mi svegliavo a quando andavo a letto, anche nel sonno e non lo dico per scherzare, sono state tutte indirizzate alla vittoria di quel concorso. Non ho lasciato nulla al caso. Riepilogando, vincerai unendo: specificazione dell'obiettivo e dei motivi, arte della "visualizzazione mentale" di obiettivo e motivi, atteggiamento di chi percepisce di aver già vinto e pianificazione meticolosa.

Per "visualizzazione mentale" ormai sai che intendo la capacità di rendere le cose vivide nella tua mente affinché lo diventino altrettanto nel reale. Attraverso questa nobile arte, metabolizzi la tua vittoria così da applicare costantemente l'atteggiamento del vincente.

Ad aprile 2015, il treno da Roma Tiburtina a Guidonia stava accumulando un ritardo di tre ore per il sorgere di alcuni problemi derivanti da furti di rame sulle linee fuori la stazione. Essendo io arrivato in anticipo di due ore, proprio perché non ho lasciato nulla al caso, ho avuto tutto il tempo di salire su di un altro treno, se non che il ritardo si è protratto per tutti quelli successivi.

La necessità di non arrivare in ritardo al test preselettivo (pena l'esclusione), mi ha portato a pensare di farmi aiutare da un mio cugino che abitava a Roma. L'ho chiamato al telefono e gli ho chiesto cortesemente di accompagnarmi in automobile, lo ha fatto, ma sono arrivato lo stesso oltre il tempo consentito.

Ho tralasciato di dirti che non appena è arrivata la notizia dei ritardi alla stazione dei treni, come molti altri candidati, ho esposto tempestivamente via telefono l'accaduto al servizio contatti, il cui numero era riportato sul bando. È stato deciso da parte dello staff concorsuale di dare la possibilità a chi era in ritardo via treno di accedere anche dopo la chiusura delle porte e così il quiz ha avuto luogo circa un'ora dopo il tempo prestabilito.

Mi sono soffermato sul concetto di puntualità per 3 ragioni che devi assimilare: sii inevitabilmente convinto che la puntualità è tutto, trova una soluzione ma soprattutto attuala in tempi brevi e non farti prendere dall'ansia. Dal mio esempio hai compreso come sia sempre possibile trovare una soluzione anche in un momento di difficoltà, cioè pianificando e comportandoti con precauzione.
Chiama per telefono la sede concorsuale e avvisali che per un motivo di forza maggiore non puoi presentarti in maniera puntuale.
Mi raccomando, questo è un altro regalo: contatta o invia sempre una mail agli uffici preposti gestiti dal personale della fase concorsuale in oggetto nel momento di dubbio.

Se non lo fai rischi di non aver avvisato preventivamente e ci potrebbe essere la possibilità di non farti avere quell'opportunità che ti cambia la vita. Questo ti serve anche a tranquillizzarti perché dall'altra parte della cornetta è presente sicuramente qualcuno competente che è abituato, conosce il lavoro che svolge e ha a che fare con tantissimi candidati.

Abbi un atteggiamento di fiducia nei suoi confronti, spiega l'accaduto e fai capire che non hai nessun modo di arrivare puntuale oppure di presentarti per quella data o quell'ora. Se succede con un documento, poiché sei impossibilitato a reperirlo entro un certo tempo, fai la stessa cosa: avvisa.

A me è successo ancora: arrivato alla fase della visita medica, ho domandato la possibilità di post porla perché in concomitanza dei concorsi Allievi Marescialli MM ed EI: mi è stato concesso. Vale sempre? Il bando di concorso è la tua Bibbia, se hai la possibilità di fare quello che ti ho appena detto ci sarà scritto, rileggi e accertatene.

Se così non fosse tieniti preparato a ogni eventualità per non essere preso alla sprovvista. Una volta tornato dalla prima fase, mi sono recato presso un centro di analisi per fare il prelievo affinché i miei documenti fossero aggiornati come previsto da bando. Durante la consegna, ho chiesto al medico competente se i valori fossero stati nella norma (fallo anche tu) e mi ha fatto i complimenti, chiedendomi se fossi stato un'agonista. Gli ho risposto onestamente di no, anzi ho aggiunto che non sono mai stato un grande sportivo e gli ho mostrato il mio regime alimentare.

Mi ha fatto un augurio per il concorso, rinnovando le congratulazioni anche per la dieta che stavo seguendo. La corretta nutrizione per me ha fatto la differenza e sicuramente la fa per un qualsiasi candidato di un qualsiasi concorso, anche dove non sono previste preparazione atletica o visite mediche. Inutile dire che ho superato le visite mediche. Ecco la terza fase: tirocinio. Attualmente il tirocinio per Allievi Marescialli AM è militare, allora non lo è stato, ma le regole sono state esattamente le stesse a parte che non ho indossato uniformi e non ho marciato o tenuto posizioni militari formali. Anche qui devi leggere il bando per capire che cosa ti aspetta.

Sono stati 9 giorni: sveglia presto la mattina, a dormire tardi la sera e passare l'intera giornata fermi e seduti composti in silenzio per ore e ore in attesa di fare delle prove oppure semplicemente di far passare la giornata. In attesa di essere convocati nelle varie sessioni o per la sentenza finale, sei in ansia perché non sai nulla di cosa accade fuori dalla stanza dove sei confinato tutto il giorno.

Solo quando senti il tuo nome scatti e rispondi per seguire qualcuno che ti accompagna alla porta per qualcosa di cui ancora non conosci l'entità. In quel momento non sai davvero che cosa succede, perché la trasparenza è una cosa importante per la PA: durante la fase concorsuale non ti è dato sapere che cosa fanno gli altri perché le sessioni in cui non è prevista la presenza di altri candidati sono protette per salvaguardare gli affari privati del singolo candidato in esame. Passato il tirocinio ho affrontato finalmente l'ultima sessione, un test a risposta multipla di cui non si conosceva nessuna domanda, ma solo gli argomenti trattati: matematica, logica, lingua inglese, storia ed educazione civica.

Per quel quiz mi sono preparato di più che per quello preselettivo, non sono mai sceso sotto le 14 ore di studio al giorno: mi alzavo la mattina presto, mangiavo la mia colazione equilibrata, mi allenavo, studiavo, facevo pausa per i pasti e alla fine andavo a dormire. Scoprirai passo passo come avere l'attitudine giusta per fare questo e come ho fatto io. Ti darò in mano tutto ciò che ti serve per pianificare la tua giornata e capire come non sia un sacrificio ma uno stile di vita che ti piacerà intraprendere perché sarà quello che ti porterà dalla situazione attuale a quella desiderata.

Il test è durato 60 minuti, 100 domande di cui tutti conoscevamo solamente gli argomenti trattati. Ho studiato basandomi su tutte le banche dati reperibili sul web degli ultimi quattro anni di VFP1, VFP4, Ufficiali e Marescialli di CC, GdF, EI, AM e MM. Non mi è servito a nulla, perché meno di un quinto delle domande, e ti dico che le conoscevo tutte a memoria, ci è stato proposto quel giorno.

È stato un giorno stressante, ma col giusto atteggiamento ho governato le mie emozioni e le mie sensazioni fisiche riuscendo a portare alla mente il ragionamento corretto che mi sarebbe servito per trovare la soluzione a ogni problema. Quel giorno mi sono classificato 12° su oltre 360 partecipanti.

Ho atteso la graduatoria finale e quando è stata pubblicata mi sono reso conto che ero stato posizionato 49° su 72 posti disponibili. Successivamente sono stati "ripescati" e accolti altri 20 candidati. Quello è stato l'unico modo che ho avuto per vincere, perché non mi era stato assegnato nessun punteggio extra, ad esempio il mio titolo di studi è stato medio basso (73 su 100), non sono stato ex militare e nessun titolo particolare o riserva di posti.

Inutile dire che da quel momento ho visto tutto ciò che volevo realizzarsi in un lampo e nello stesso istante ho ammesso veramente che il mio potenziale è immenso e avrei potuto aspirare a tutto ciò che avrei voluto. Mi sono passate in mente le sofferenze di quegli anni, le risate e le prese in giro di chi non ha creduto in me.

I ricordi si sono manifestati in maniera potente verso quelle poche persone care intorno a me che si sono tranquillizzate pensando al mio futuro stabile, i nuovi amici che mi sarei fatto, l'onore che avrei restituito a loro e l'esser riuscito a ottenere un tetto sopra la testa che ormai diveniva sempre di più un miraggio.

Oggi ringrazio l'Aeronautica Militare, me stesso, tutto e tutti coloro che mi hanno circondato pensando di farmi del bene o del male, perché grazie a loro oggi sono dove sono. Ora che hai fatto gli esercizi, ascoltato la mia storia e capito che per te è più che possibile raggiungere la vetta, è giusto che tu possa andare avanti e scoprire gli altri "trucchi" del mestiere.

Trucchi che io ho appreso dai concorsi, dal mio ex lavoro di venditore, dai miei oltre 25 anni di pratica e condivisione delle arti e filosofie del judo, dai 2 anni di inquadratore per i tirocinanti e per i corsi successivi al mio e dai più di 9 anni di corsi di crescita personale, business, marketing, nutrizione e pianificazione che tutt'oggi frequento per dare sempre nuovi aggiornamenti a chi vuole un mio consiglio o ha bisogno di una mano.

Sul mio sito http://www.concorsovincente.it ci sono i materiali che ti possono aiutare poiché puoi reperirli gratuitamente. Ci sono anche i canali Telegram o YouTube, le pagine social di Instagram, Facebook, Twitter e Linkedin dove mi puoi trovare per interagire con me e i miei collaboratori super preparati.

Accedendo al sito puoi collegarti a tutti questi canali, venire aggiornato su quali competenze devi sviluppare e come. La mia storia ti è servita, ma non prendere da essa le differenze che ci sono tra noi e che mi allontanano da te e che quindi, sempre secondo te, mi hanno portato alla vittoria.

Penso che fino a questo punto del libro hai capito e assimilato che non sono state le mie peculiarità ad avermi portato dove sono, ma quei processi e quelle convinzioni che ho creduto vere e che pian piano mi hanno fatto evolvere per diventare la persona che sono: vincitore.

Ricorda gli esercizi fatti, ripassali e tieni a mente gli appunti che hai preso: sono l'unica base fondamentale di cui hai bisogno. Le differenze tra me e te esistono solo nella tua mente, sono il tuo limite, ciò che quando fallisci si tramuta nell'alibi della tua mediocrità che ti devi raccontare.

Tu non fallisci perché sei mediocre, ma vinci perché hai preso in mano questo manuale compromettendoti. Hai scoperto i tuoi veri motivi, hai chiarito il tuo obiettivo, sai come cambiare le tue credenze e azioni per ottenerlo, come far nascere il ragionamento vincente, l'emozione giusta e la sensazione fisica voluta, solo lavorando con la potenza della visualizzazione e dell'immaginazione. Adesso dirigiti verso il traguardo.

Riepilogo del capitolo 2:

- Segreto n. 1: Impara a comprendere quali sono le obiezioni ostacolanti per il tuo successo e distinguile da quelle utili.

- Segreto n. 2: Trasforma le obiezioni ostacolanti provenienti da fuori o dal tuo interno in credenze vincenti per ottenere il tuo scopo. Per riuscirci serviti della "Griglia interpretativa", del ciclo *"Credenze Azioni Risultato Feedback Nuove Credenze"* e dell'esempio che puoi dare a te stesso e agli altri.

- Segreto n. 3: Non far sì che le credenze degli altri diventino le tue: prendile e rendile positive per il tuo scopo. Se ti esibisci in pubblico "isolati" e pensa che nessuno ti sta valutando.

- Segreto n. 4: Sii professionale e puntuale, attento ai documenti, alle consegne che ti vengono impartite, al comportamento che devi tenere e soprattutto al Bando di concorso che devi conoscere in tutte le sue parti.

Capitolo 3:
Come impostare il giusto piano d'azione

"Una delle poche cose nella vita sulla quale abbiamo il controllo totale è il nostro atteggiamento... il nostro atteggiamento determina se amiamo o odiamo, se diciamo la verità o mentiamo, se agiamo o procrastiniamo, se avanziamo o indietreggiamo, e con il nostro stesso atteggiamento noi, e noi soltanto, decidiamo effettivamente se avere successo o fallire."

- Jim Rohn -

Durante il concorso Marescialli della GdF, ho conosciuto un ragazzo già vincitore del concorso Accademia Ufficiali GdF. Quando parlava aveva l'atteggiamento di uno che sapeva con certezza che avrebbe vinto anche Marescialli. Mi è venuto spontaneo chiedergli: ma perché se hai vinto Accademia ora sei qui a fare Marescialli? Lui mi ha risposto che il suo scopo sarebbe stato quello di vincere anche questo senza paure.

Inutile dire che ha vinto anche il secondo, ma optando per farsi arruolare come Ufficiale. Quel tipo di ragionamento, espresso con quel modo di fare come di chi già avesse avuto la strada spianata, mi ha fatto pensare che fosse il "solito raccomandato", che in qualche modo fosse soltanto un presuntuoso e arrogante, quasi come se sputasse su tutto il lavoro che io stavo facendo. Nella realtà quel suo modo di fare non è stata la conseguenza del fatto che era conscio di aver vinto il concorso Ufficiali, ma la conseguenza di aver interiorizzato quell'unica e possibile alternativa: la vittoria.

Non vedeva altro, per lui non esisteva alternativa a quel futuro, tant'è che ha avuto addirittura la possibilità di scegliere tra due concorsi della GdF. Un mio collega che ha frequentato con me il corso Allievi Marescialli AM, è risultato idoneo vincitore anche in quello per l'EI nello stesso anno a 18 anni appena compiuti.

Nonostante fosse più giovane di me di 7 anni, nonostante dimostrasse quell'atteggiamento di chi già aveva in pugno il suo futuro quasi da sembrare uno sbruffone, si è rivelato per me da esempio dimostrandomi che per essere maturi non è necessaria l'età, ma *"auto-consapevolezza"* di dove si vuole arrivare.

Qui ancora una volta puoi notare l'unione della consapevolezza del proprio obiettivo e dei propri motivi con l'atteggiamento del vincente. A primo acchito può sembrarti un comportamento tipico del soggetto spaccone, ma nella realtà è auto-consapevolezza piena, quella che si può definire maturità.

Ma che cos'è questa auto-consapevolezza? Mentre la consapevolezza è fine a sé stessa perché è solo la conoscenza dei tuoi motivi e obiettivi, l'auto-consapevolezza è l'averli interiorizzati appieno, metabolizzati e fatti fluire nelle tue vene come essenza affinché diventino il carburante e la linfa delle tue azioni.

Non vedrai alternativa se non nell'agire in direzione delle tue aspirazioni: svilupperai l'atteggiamento vincente solo con l'auto-consapevolezza e non con la mera consapevolezza. Per sapere come svilupparla tramutandola in azioni (atteggiamento), andiamo avanti, perché sono convinto che ci riuscirai attraverso questo manuale, soprattutto grazie agli esercizi.

Prendiamo alcuni tra i militari o politici più famosi della storia: Napoleone si è fatto spesso ritrarre più alto di statura di quanto fosse nella realtà o grande e trionfante come il cavallo su cui sedeva, George Washington pretendeva di essere chiamato "Sua

Eccellenza il Presidente degli Stati Uniti", mentre la signora Lincoln si rivoltò verso la moglie del generale Grant esclamando: "Come osate sedervi senza aspettare il mio permesso?".

Ti potrà sembrare strano, ma non devi mai scambiare questi comportamenti per superbia o presunzione, piuttosto per piena consapevolezza della propria posizione, per spirito del vincitore, per colui o coloro che sanno parlare con loro stessi. Ebbene si, introdurrò proprio un altro concetto basilare: per avere il giusto atteggiamento lavorerai anche con le parole, affermando concetti utili e produttivi verso te stesso.

Insieme agli esercizi di visualizzazione dell'obiettivo e di assetto di nuove credenze vincenti, è necessario che tu sviluppi un atteggiamento vincente dato da una forte consapevolezza del tuo potenziale che avviene attraverso il dialogo con te stesso. Parlo delle 47 asserzioni che puoi reperire su http://www.concorsovincente.it .

Segui bene le istruzioni che trovi affinché abbiano effetto. Pronunciandole tra te e te, percependo le emozioni che ti vogliono infondere e visualizzando ciò che ti mostrano, riprogrammerai la tua griglia. Ora stai cominciando a capire che cosa intendo per "dialogo con te stesso". Tutto ciò che farai d'ora in poi sarà mirato, tra le altre cose, a creare uno scudo per tutto ciò che è negativo e che quindi compromette la tua buona riuscita: intorno a te c'è sempre qualcuno o qualcosa che minerà il tuo futuro desiderato attraverso opinioni, modi di fare, ostacoli, obiezioni, ecc.

Ci sarà sempre quel qualcosa cui sarai obbligato a rispondere oppure a non farvi caso e ignorarlo, ti faccio un esempio classico. Immagina un tuo amico che ti dice che tu non riuscirai mai a vincere un concorso perché lui non ce l'ha fatta prima di te e ci riescono solo i raccomandati. Questa affermazione negativa è altamente minante per il tuo ego, quindi per la tua buona riuscita.

Forse reagirai non dando il giusto peso a questa "provocazione", magari sei convinto che ti basta semplicemente non ascoltarlo, andare avanti cercando di dimenticare o ignorare, ma ti dico che non è così semplice.
Come abbiamo già detto il tuo cervello funziona per immagini, nel momento in cui una persona ti presenta un'opinione (negativa o

positiva che sia) verrà impressa come una foto nella tua mente da quell'istante in poi. Attraverso il sistema delle nuove credenze, sei in grado di tramutarla in un'opzione positiva, utile al raggiungimento del tuo obiettivo (nuova credenza produttiva).

Però non basta tramutare in positivo ciò che ti arriva, devi essere anche in grado di schermare il tuo cervello. Crea un vero e proprio "scudo mentale" parlando a te stesso con forza, determinazione, sicurezza, entusiasmo e la consapevolezza di ciò che vuoi e hai ben visualizzato per te nel tuo prossimo futuro: sviluppa il giusto atteggiamento.

Pensa di non essere mai solo, che in realtà dentro la tua mente siete più di una persona e tutti dovete andare d'accordo verso lo stesso obiettivo. C'è sempre almeno uno dei vari "te stesso" che non è in linea con le tue scelte, ma in quel caso non fermarlo, piuttosto fagli capire che la sua opinione è preziosa, ma ora hai bisogno anche del suo aiuto per raggiungere il tuo obiettivo.

Anche lui è parte di te, è importante ascoltarlo e tenere conto di lui. Non affossarlo, nasconderlo o deriderlo poiché dice qualcosa che non ti va bene, trattalo come parte del tuo team, come una risorsa incredibile. Per imparare a parlarti affronta *"Dì a te stesso che ce la fai, dillo a tutti lì dentro!"* che trovi su http://www.concorsovincente.it .

Non sei solo una sfaccettatura, ma sei diversi "te stesso", differenti modi di pensare che insieme collaborano per ottenere un'azione che sia il risultato dell'interazione di tutti. Tramutando le tue diverse correnti di pensiero in persone, ti è più semplice discutere con loro, comprendere i loro punti di vista e sfruttarli per arrivare alla meta. Hai parlato col tuo io e gli hai fatto capire, ragionando, che tu ce la farai e hai bisogno del suo aiuto.

Le 47 affermazioni e il saper parlare con la squadra che hai dentro servono a farti prima di tutto affermare a te stesso ciò che realmente vuoi ottenere e quanto tu sia potente, poi ad abbattere ciò che tu potresti obiettare in un momento di difficoltà, cioè quando il te stesso dubbioso ha la meglio. Queste due semplici operazioni ti garantiscono di costruire uno schermo verso le negatività esterne e l'auto-consapevolezza della tua potenzialità illimitata, impossibile da condizionare e influenzare da parte dell'esterno. Qui torniamo a ciò che ti ho detto quando ho affermato che alla fine del tuo percorso non saprai se realmente tutti i motivi per cui stai facendo il concorso ti daranno la soddisfazione che tu avresti creduto. Sarai talmente pieno di te (nel senso positivo dell'espressione), conoscendo la tua forza e le tue potenzialità, che l'influenza o il giudizio degli altri non potranno toccarti.

Ad esempio, sarai sicuro che se il tuo motivo era solo far bella figura con la persona che ami, nel momento in cui tra di voi dovesse rompersi la relazione, tu comunque continuerai tranquillamente il tuo percorso verso la vittoria. Ecco come si crea un atteggiamento vincente: potenziando il tuo io attraverso il dialogo con te stesso, così da schermarti dalle negatività esterne.

Come ti dicevo prima, il tuo inconscio lavora anche quando la tua ragione presta la massima attenzione: le grandi società pubblicitarie questo lo sanno, inseriscono continuamente messaggi pubblicitari atti a stimolare l'inconscio che è più dell'80% della tua percezione. Agisci su di esso e avrai le risposte desiderate, il tuo atteggiamento si rivolgerà all'obiettivo, ma non te ne accorgerai perché ciò che fai oggi ti condizionerà solo nel tempo. Non ti aspettare risultati nell'immediato, alcuni li avrai, ma la maggior parte avvengono col tempo.

Immagina un allenamento di corsa piana: se oggi percorri 2 Km in 10 minuti, domani non chiudi 4 Km nello stesso tempo. Una volta raggiunto il risultato non sperare di accorgertene, poiché il tuo cervello non è programmato per notare i risultati a lungo termine, ma nel breve, quindi tieni traccia dei tuoi miglioramenti, in modo tale che durante il percorso, in mesi, puoi renderti conto se stai facendo il lavoro in maniera corretta.

Quando ho cominciato a perdere i chili, non me ne sono accorto subito, ti posso garantire che ancora adesso non me ne rendo conto, ma quando vedo le foto di me che pesavo oltre 160 kg, allora sì che noto la differenza.

Per monitorare il tuo percorso ti regalerò gli strumenti più avanti, perché il tuo atteggiamento vacillerà senza un piano, nonostante impiegherai meno del 10% del tuo tempo e dei tuoi sforzi per strutturarlo.

Per darti una delucidazione ulteriore sul fatto che l'atteggiamento è una causa e non una conseguenza dell'aver vinto, pensa al mio esempio. Come avrebbe potuto fare un ragazzo di 160 kg senza né arte né parte a vincere un concorso così ambito?

Posso garantirti che ho maturato col tempo un atteggiamento da vincente che mi ha garantito di essere sicuro e spensierato nel momento in cui mi sono trovato di fronte le obiezioni della vita e soprattutto quelle della commissione attitudinale. Chiudi gli occhi un momento e immagina come ti comporteresti di fronte a uno psicologo o un militare che ti presenta delle obiezioni, ti mette in difficoltà o ti pone domande, ma tu sai già che vincerai: sarai sicuro in quello che dici perché qualsiasi cosa accada tu sai che vincerai.

Chiudi gli occhi un istante, percepisci le emozioni e prova la sensazione derivante dal fatto che saprai esattamente cosa ti chiederanno e che già avrai la risposta. Sarai un re e ti sentirai tale, nessuno sarà in grado di spodestarti poiché sei l'unico erede indiscusso che occupa il trono di te stesso, che conosce già la domanda e ha sempre la risposta pronta.

Per diventare il padrone di te stesso è necessario anche utilizzare ulteriori artifici. Parlare a te stesso e insieme a te stesso è un ottimo metodo, ma ancora meglio se ti aiuta l'Universo. Non ti preoccupare, questo non sta diventando un libro spirituale, siamo sempre pratici, ma questa volta scoprirai come rivolgerti non solo a te stesso ma anche a ciò che ti circonda.

Rimanendo troppo sulle tue, cercando quindi una risposta solo attraverso di te, potresti diventare troppo rigido e conseguentemente non vedere la realtà di cosa accade, non avere quell'elasticità che ti è necessaria per rispondere agli eventi che si susseguono intorno a te e ti coinvolgono.

Non è un caso se ti dico che essere troppo convinti di sé stessi può avere un riscontro negativo, infatti ricordo vividamente un evento successivo al colloquio attitudinale in Allievi Marescialli GdF. Durante questa fase decisiva, un membro della commissione è predisposto a valutare il grado di motivazione e di attitudine attraverso un dialogo "faccia a faccia" con il singolo candidato.

Una volta terminato il colloquio, raccolti i vari risultati delle prove antecedenti, solitamente si attende in giornata e nella medesima sede il responso di idoneità o meno al servizio. La cosiddetta figura di "perito selettore", colui che cerca di testare quanto realmente tu sia motivato o comunque adatto al servizio, ti mette sotto torchio, anche avvalendosi a sua discrezione delle prove da te sostenute precedentemente.

Durante l'attesa un ragazzo si è pompato di arie e di grandi parole, è sembrato quasi dovesse convincere più sé stesso che noi della bella figura che aveva fatto. Inutile dirti che non è stato dichiarato idoneo: ecco una bella differenza tra essere convinti ed essere auto-consapevoli.

Il fatto che il ragazzo parlasse ad alta voce ed elencasse le sue caratteristiche e tutto ciò che era successo durante il colloquio col perito selettore, mi ha fatto capire quanto in realtà fosse insicuro e avesse bisogno di ottenere rassicurazione da parte degli altri intorno. Mettiti nuovamente nei panni di colui che ha vinto un concorso, avresti bisogno di esternare quanto sei bravo agli altri?

Non credo proprio, non sarebbe una necessità perché tu sapresti di essere di valore indipendentemente dall'idea degli altri. Ti posso garantire che tu arriverai a una percezione tale che saprai di valere oro senza ancora aver raggiunto l'obiettivo prefissato. Una volta che ti sei immedesimato nel vincitore, capisci che cosa intendo.

Allora come fare a non diventare presuntuoso verso te stesso e nei confronti di ciò che ti circonda affinché tu non diventi rigido e conseguentemente irrazionale? Conta che la razionalità è molto relativa: le ragioni che hai per fare questo concorso non sono le stesse che hanno mosso me, anzi per te le mie ragioni potrebbero non essere valide (dunque irrazionali).

Ciò dimostra che esse variano di caso in caso, di persona in persona, mentre l'Universo, o meglio le cose che ti circondano e accadono, non sono relative, poiché ci sono e basta. Tu devi essere in grado di governarle, non sovrastandole e quindi diventando rigido, ma modellandole a tuo piacimento per creare ciò che vuoi attraverso le tue credenze.

Sempre prendendo l'esempio appena fatto, una volta che al ragazzo è stata assegnata l'inidoneità al servizio, non è stato per nulla d'accordo. Secondo lui il perito selettore si è sbagliato non dimostrandosi competente: il candidato si è considerato migliore di altri là dentro (ecco che non ha tenuto conto dell'esterno, dell'Universo) e sicuramente chiunque era riuscito quel giorno, a suo dire, sarebbe stato un raccomandato, peccato che conosci bene il mio caso.

Come vedi ha plasmato la realtà a suo piacimento, cioè ha creato una serie di credenze, o alibi, per giustificare la sua mediocrità. Non gliene faccio una colpa, perché anche io l'ho fatto in passato e te l'ho detto, ma sicuramente quello non è stato plasmare la realtà affinché diventasse produttiva per raggiungere l'obiettivo, ma per conferirgli la possibilità di non intraprendere neanche più la strada per il giusto atteggiamento.

Dei discorsi tenuti fino adesso hai capito che esiste un Universo e il modellarlo a tuo piacimento: due elementi ben separati che vanno analizzati e risolti separatamente. Cominciamo dall'Universo: non può essere plasmato con la forza poiché tu non sei nulla rispetto a esso, inoltre consiste di una serie infinita di variabili che lo rendono incalcolabile e indefinibile nella pratica.
Quello che però puoi fare è chiedere, cioè pensare costantemente che esso ti darà ciò che chiedi come un catalogo o un menù al

ristorante. Sembra un'idea spirituale, ma non è così, perché l'insieme delle azioni, delle parole e delle richieste che gli rivolgerai saranno il riflesso di ciò che tu chiederai e vorrai ottenere da te stesso.

In questo modo prendi due piccioni con una fava: sei indirizzato verso l'obiettivo proveniente da dentro di te e non peccherai di rigidità, poiché terrai conto di ciò che ti circonda.

Ad esempio, chiederai a esso di essere buono con te, di farti vincere il concorso, di farti vedere una soluzione anche quando pensi che non ci sia. Pensando all'Universo come un'entità, non potrai che farti venire spontaneo di ringraziarlo nel vero senso della parola.

Se ad esempio hai ottenuto un bellissimo voto di laurea o di diploma, lo ringrazierei anche per questo, per sentirti pieno di te come di riflesso. Con "Esercizio – Sfoglia il catalogo dell'Universo" su http://www.concorsovincente.it andrò proprio a fondo sull'argomento e ti farò capire nella pratica che cosa intendo. Sfogliandolo come un catalogo e ringraziandolo per averti dato tutto ciò che hai, sai che l'Universo è dalla tua parte e ogni volta che ti succederà qualcosa di negativo non potrai incriminarlo e formulare Nuove Credenze negative e aprire una "spirale di negatività", cioè cominciare a dire "Ce l'hanno tutti con me, sono sfortunato, ecc.".

Ma che cos'è la spirale? Hai sentito sicuramente parlare ad esempio della spirale della droga, dei vizi o del successo. Crei una spirale quando l'azione che compi in base a determinate credenze, ti porta a un risultato che può solo trascinarti nuovamente verso le tue credenze iniziali in ciclo continuo, governato da un atteggiamento pressoché identico per ogni fase.

Col tempo, continuando a produrre cicli con atteggiamenti simili tra loro, ti sarà sempre più difficile governare le tue credenze e cambiarle poiché avrai acquisito un'abitudine. Per esempio, se fino adesso hai sempre pensato che ci vuole il "colpo di fortuna", agisci in base a questa credenza, ottieni un risultato condizionato da questo tuo atteggiamento e lo valuti (feedback) in linea con la credenza con cui sei partito. Ecco la spirale negativa.

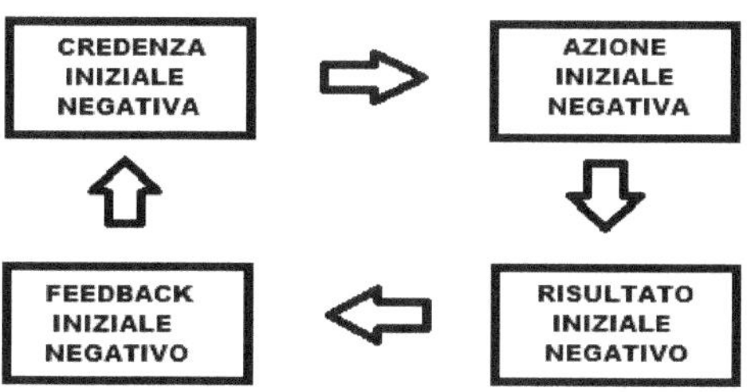

Attraverso questo manuale il mio scopo è quello di eliminare da te queste credenze pregresse e di farti capire attraverso una via alternativa e "succulenta", che ce la fai a spezzare questa spirale. Cambiando le tue credenze in positivo, muti le azioni che compi, così da condurti a risultati positivi. Valutandoli positivamente, crei solo altre credenze positive, continuando dunque a persistere verso questa direzione: la spirale del successo. Ecco come interverrò affinché tu possa saltare su quella positiva.

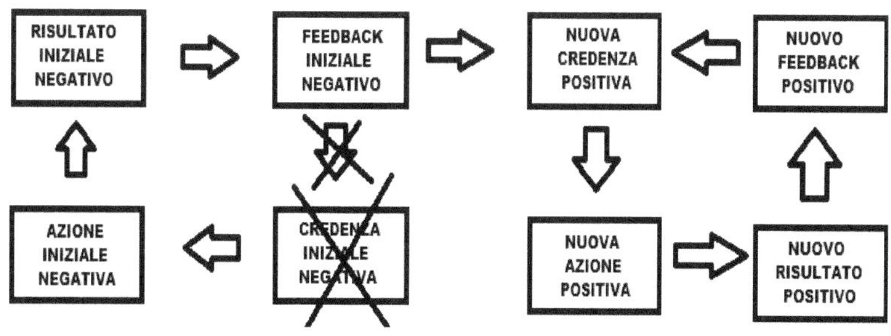

Fibonacci parlò di una semplice equazione matematica in cui sommando in maniera crescente le singole cifre si ottiene un numero sempre più grande ma nella direzione in cui hai cominciato a sommare gli addendi:

$$1 + 1 = + 2 = +3 = +5 = +8 = +13 = +21 = +34 = +55 = (...)$$

Invertire la rotta non è possibile, puoi solo abbandonare la spirale attuale e cominciare con quella nuova e di senso opposto. Attraverso questo manuale già ci stai riuscendo e te ne sei accorto. Un esempio pratico di spirale negativa è quando non ho eseguito positivamente il primo salto in alto del concorso EI di cui già ti ho parlato: il primo tentativo fallito ha condizionato le mie credenze che si sono manifestate nell'azione di non saltare al secondo tentativo e poi anche al terzo e di valutare il tutto con lo stesso atteggiamento.

Un esempio pratico di spirale positiva è quando ho agito in maniera ambiziosa nei confronti del concorso Allievi Marescialli AM, portandomi a valutare i risultati ottenuti positivamente col trascorrere del concorso, facendoli maturare col tempo in vittoria.

Adesso è necessario che tu comprenda in quale spirale sei ora coinvolto e su quale devi gettarti per ottenere la vittoria.

Per imparare bene hai bisogno ancora una volta di praticare, fallo attraverso *"Esercizio – Abbandona la spirale sbagliata ed ingrana quella del successo"* sul sito *http://www.concorsovincente.it*. Dopo che hai capito l'Universo e la spirale del successo, comprendi il secondo punto: "modellare la realtà".

Già hai delle basi ottime e sei il padrone del plasmare gli eventi circostanti, infatti trasformi ogni cosa in credenza positiva indipendentemente dalla situazione grazie allo schema *"Credenze → Azioni → Risultato → Feedback → Nuove Credenze"*, chiedi all'Universo e lo ringrazi affermando i tuoi principi, conosci i tuoi motivi e hai ben focalizzato e strutturato il tuo obiettivo. Ora è necessario che tu comprenda altre due vie per modellare: interpretazione e ironia.

Per la prima, già con gli esercizi precedenti, ti sei reso conto che prendere un'impressione negativa e tramutarla in positiva è solamente un'interpretazione volta all'obiettivo, cioè hai preso ciò che era il male e hai trovato l'opportunità che questo ti mostrava. In Cina l'ideogramma per indicare la parola "Crisi" indica anche la parola "Opportunità". Pensa a un'obiezione che potrebbero farti durante dei colloqui attitudinali. Ad esempio la tipica domanda: "Pensi di avere difetti? Quali sono?".

Potresti pensare che tutti abbiamo difetti, ma nella realtà, se ti è chiaro l'obiettivo e credi nelle tue azioni poiché credi in te stesso, sei certo che i tuoi non sono difetti, ma peculiarità che ti contraddistinguono. Io ho ammesso durante il colloquio di avere un difetto, cioè apparire agli altri testardo perché mi metto in testa una cosa ed è difficile smuovermi.

Ma subito ho aggiunto che è solo la volontà di riuscire a raggiungere un obiettivo e che comunque sono in grado di utilizzare tale caratteristica a mio vantaggio diventando comunque elastico se ci sono delle variabili comprovate. La testardaggine è un difetto solo in un determinato sistema di riferimento, ma in altri casi si chiama "tenacia".

Ora non dico che questa è la tua risposta, perché ognuno di noi è fatto in maniera diversa, ciò che conta realmente è la tua coerenza e la tua sicurezza in ciò che affermi con l'elasticità di chi sa che l'Universo è un continuo mutare. Insomma, si parla di libera interpretazione, quella che può descrivere un quadro come un'opera d'arte o che lo può affossare nell'oblio.

La seconda via che ho trovato è l'ironia, che mi piace definire come una forma di interpretazione dove ammetti l'esistenza di un evento creandone una caricatura. Per meglio dire, prendi le parti fondamentali che contraddistinguono un evento e le ingrandisci esasperandole oppure le minimizzi così da sminuirle, fino al punto in cui perdono la loro importanza.

Su questo per esempio si basano le "cure" a suon di risate dei clown negli ospedali: vestono un camice e strumenti tipici della figura di un medico serio e portatore di "sventura", ma al contempo indossano un grosso naso rosso, un trucco e una capigliatura ridicola.

Un esempio di utilizzo positivo dell'ironia è quando ti si presenta una situazione di stress, per esempio durante un test preselettivo a me è capitato di ascoltare un ragazzo un paio di banchi più indietro: "Quando ho finito e superato il test, vado in chiesa e accendo un cero!".

In questo modo rendi subito la situazione di minore stress e ti è più facile concentrarti sul tuo lavoro. La sua è stata sicuramente un'affermazione positiva, che lo proiettava al dopo aver passato il test, non è stata un'esternazione del tipo "Se riesco a passare vado in chiesa e accendo un cero!".

Cogli la differenza, nel primo dai come presupposto che passerai il test, nel secondo crei solo una possibilità, ma il tuo inconscio non lavora per possibilità come hai ben compreso, al contrario per immagini che sono certe poiché presenti. Quindi attento a utilizzarla, ma sono sicuro che dato che il tuo atteggiamento è già di chi è motivato a vincere il concorso, visualizzerai solo l'affermazione in linea col tuo obiettivo. Penso che tu ti sia già trovato in una situazione simile. Sull'ironia si potrebbe aprire un mondo, soprattutto da parte di noi italiani: ci piace ironizzare.

Quello che però voglio evidenziare è il perentorio "No" allo sfociare nel sarcasmo e nell'auto-ironia. Questi due inviano segnali e immagini di negatività al tuo cervello, vengono impresse nella tua mente come le frasi negative che ti sei esercitato in precedenza a modificare, come ad esempio "Non rompere i piatti", dove l'idea della rottura di piatti è sempre presente. Un esempio di auto-ironia è dire con sorriso e senso di scherzo: "Non sono in grado di tenere il passo marciando perché mi sento imbranato...".

Così dirai al tuo inconscio che sei imbranato a fare qualcosa. Non sottovalutare le immagini che dai in pasto al tuo cervello, neanche nel sarcasmo. Ricordi il discorso che ti ho fatto sui pettegolezzi che ti distraggono dal risolvere le questioni della tua vita? Oppure la TV o i Social Media che ti distolgono ogni giorno da ciò di cui hai bisogno realmente?

Pensa a uno strumento potentissimo che sfruttano come forma di sarcasmo: la "satira". È un modo simpatico di far entrare un brutto concetto e una cattiva immagine nel tuo cervello. Magari sei un'amante della satira, ma sappi che è un veleno "travestito" di cui non senti il sapore, che entra nel tuo cervello e si diffonde come un virus.

Anche in questo momento, mentre te lo dico, stai pensando che alla fine farsi due risate non significa nulla, ma è proprio questo il problema: tu pensi che sia insignificante, ciò comporta che continui a pensare che il sarcasmo (e la satira) o l'auto-ironia possono tranquillamente far parte della tua vita, essere viste, ascoltate da te e quindi entrare direttamente nel tuo inconscio: un Cavallo di Troia.

Non sono qui per accusarti, ma per farti comprendere questo concetto e per farlo è necessario darti degli esempi. Spesso le persone là fuori usano il sarcasmo quando si sentono in difficoltà e non hanno la forza di dire ciò che pensano seriamente, esternando solo una lamentela senza che porti a un cambiamento in positivo, esprimendo dunque debolezza.

Pensa a un altro candidato che ti ha spinto durante una prova di corsa e immagina di essere una persona insicura. Finita la corsa, esterni verso di lui il tuo disappunto con una frase sarcastica del tipo: "Magari mi avessi voluto aiutare con la spinta che mi hai dato..." (magari sogghignando).

Capisci da te che un comportamento del genere non dimostra nulla, non succederà niente di utile e positivo dopo la tua esclamazione, anzi con una sua risposta le cose potrebbero solo peggiorare. Un risultato proveniente da un'azione debole non può che essere altrettanto misero e venir visualizzato dal tuo io e da chi hai attorno come una debolezza: il tuo inconscio la traduce in insicurezza.

Pensa sempre di avere un altro te che ti giudica e sa che non hai fatto la cosa giusta. Immagina quando un perito selettore eventuale ti provoca tramite il sarcasmo, cosa cerca di tirar fuori da te? Ovviamente una reazione negativa. Intanto "provocazione" significa proprio provocare una reazione.

Se il suo intento è quello di provocarti è perché così può valutare se sei irascibile, permaloso, se sai mantenere il controllo o meno. Allora quale miglior azione negativa se non il sarcasmo? Ti racconto ciò che mi ha coinvolto durante il colloquio attitudinale con il perito selettore della GdF, ma lo farò a dialoghi, dove "P" è lui e "M" sono io.

Durante il colloquio, tra le varie obiezioni e domande che mi ha posto, P: "Che cosa fa nella vita?". M: "Sono studente di Ingegneria Aerospaziale presso l'Università di Pisa, ma dovendomi mantenere da solo consegno le pizze per la città". P (con forte aria di sarcasmo): "Quindi lei porta solo le pizze?". M (con calma e lucidità): "Sono studente e mi mantengo da solo, devo farlo...". P: "Sì, sì, ho capito… lei porta le pizze...".

Non ho più fatto caso a questa provocazione e abbiamo continuato, una volta finito mi sono alzato, l'ho guardato negli occhi e ho allungato la mano destra per una stretta, ma lui, guardandomi con indifferenza P: "Non stringo la mano". Ho pensato subito fosse un'altra provocazione e M: "Buongiorno" e me ne sono andato.

Inutile dirti che il periodo di attesa fino alla sentenza di idoneità è stato snervante, poi, dopo circa 6 ore sono stato chiamato da un membro della commissione che mi ha accompagnato fino all'ufficio del perito selettore con cui ho disquisito. Mi ha annunciato ad alta voce dicendo: "È arrivato Defilippo!". Ho notato in quel momento che c'erano alcuni uffici adiacenti e che almeno altri due individui della commissione sono rimasti sull'uscio di questi a guardarmi.

Di risposta all'annuncio, P (facendosi una bella risata): "Ah! Defilippo che porta le pizze ma dice di fare l'ingegnere!". Tutti gli altri stavano ridendo guardandomi, poi mi ha indicato di avvicinarmi alla sua scrivania dove c'era un foglio con su scritto "Idoneo". P (ridendo): "Lei è idoneo Defilippo, firmi!". M: "Firma leggibile?". P (con fare di scherno): "Firmi come quando porta le pizze…". M (firmando con fare disinvolto e tranquillo, come se non mi avesse toccato): "Grazie, buongiorno".

Gli ho allungato la mano nuovamente ma stavolta l'ha stretta e ho pensato a mille cose, come il fatto che ha sputato sul mio passato, che io non valevo nulla, che chiunque poteva prendermi e "accartocciarmi", mi sono sentito come chi si stesse vendendo per un lavoro, ma ho preferito tenere a mente la lieta notizia appena ricevuta pensando che stava solo facendo il suo lavoro. Con quest'ultimo esempio ti ho dimostrato che il sarcasmo non può che produrre reazioni negative.

Tu hai due armi potentissime che si chiamano "schermo mentale" e "interpretazione". Saprai da subito che lui sta facendo semplicemente il suo lavoro, non ce l'ha con te e il sarcasmo è solamente una delle tante opportunità negative per provocarti, così da metterti alla prova e valutarti.

L'auto-ironia invece è il degrado più totale, perché permette di autodistruggerti. Tieniti lontano da essa, soprattutto quando parli con chi ti deve valutare. Immagina se al perito avessi detto con aria ironica una frase tipo: "Eh sa... non sono così sveglio...". Questo è un esempio estremo, ma fidati che ti accade se non stai attento, hai già compreso il potere dello stress e quali errori può farti commettere.

Non parlo solo di autoironia manifestata verso l'esterno, ma anche di quella che rivolgi verso l'interno quando pensi o borbotti da solo. Anche in quel momento hai il tuo "perito selettore" che non ti abbandona mai: l'inconscio. Pensando di essere costantemente osservato diventi integro, cioè capace di mantenere un determinato atteggiamento in ogni situazione. Tutto ciò che ti ho mostrato fino a ora è legato indissolubilmente facendo "chiudere il cerchio".

Abbiamo detto che il tuo atteggiamento è la risultante delle tue credenze che si tramutano in azioni e che creano un risultato da poter valutare con un tuo feedback affinché tu formuli nuove credenze; sei una persona integra quando in ogni circostanza mantieni un determinato tipo di atteggiamento, indipendentemente dal fatto che tu venga valutato dall'esterno o da te stesso, che tu sia solo o insieme a qualcun altro.

"Integrità" è un altro dogma indiscutibile che ti permette di mettere in pratica costantemente la tua riprogrammazione mentale e gli esercizi del manuale anche da solo.

Durante i mesi del concorso, per più di tre quarti del tuo tempo, sei da solo e potresti tranquillamente rovinare tutto il lavoro fatto quando qualcun altro dall'esterno ti sta valutando.

Io non ho mai avuto qualcuno che mi valutasse durante la preparazione, come poteva essere una scuola, un professore di ripetizioni o un personal trainer. Per acquisire la capacità di mantenere l'atteggiamento rivolto all'obiettivo, ti è necessario interiorizzare al massimo tutte le nozioni di questo manuale, non ti basta compiere determinate azioni e pensare determinate cose, ma esse devono diventare il tuo modus operandi.

Diventa le tue credenze, le tue azioni, i tuoi risultati nell'intimo di te stesso, interiorizza e metabolizza il tuo feedback per produrre successivamente le tue nuove credenze. Ottieni questo esercitandoti, applicando costantemente il manuale e tutte le lezioni che hai imparato finora. Ciò che non ti è stato insegnato a scuola, non te lo insegnano neanche all'Università, ma sia nella prima che nella seconda realtà ti è stato insegnato che l'esercizio è la parte fondamentale per assimilare i concetti.

Quando faccio judo, il mettere in pratica è la parte più importante e aggiungo che solo una volta che sei diventato il tuo obiettivo lo ottieni. Da questo preciso istante hai perfettamente metabolizzato il fatto che io o tutti gli altri vincitori di un concorso ci siamo preparati o comunque abbiamo avuto un percorso di vita che ci ha portato a pensare e agire in maniera vincente e non lo abbiamo manifestato solo nel momento in cui ci siamo trovati di fronte alla fatidica prova, non mentiamo perché non si può mentire per tutta la vita, nessuno riesce a farlo.

Chiedi all'Universo ciò che vuoi, chiedilo a te stesso, ringrazia per quello che hai avuto, per quello che hai e avrai, prendi la realtà, plasmala a tuo piacimento e diventa ciò che vuoi da subito, non aspettare di diventare o di ottenere, ma sii il tuo risultato già da prima di intraprendere la strada verso di esso.

In questo modo la tua integrità ti permetterà di essere puro, sarai quella persona che indipendentemente dagli eventi si rivelerà sempre attenta a mantenersi integra e ad acquisire lo stato di purezza: il tuo inconscio sarà efficace in ogni momento. Come disse il Mahatma Gandhi: *"Quando il cuore è puro, compiamo immediatamente e in ogni momento quello che è il nostro dovere"*.

Ora hai un cuore puro, poiché sei integro, sai come prendere gli eventi e trasformarli a tuo piacimento affinché diventino produttivi, puoi correttamente parlare con te stesso e con l'Universo e sai determinare il tuo domani poiché tu sei quel domani già da oggi. Approfondisci con *"Schema dell'atteggiamento"* in http://www.concorsovincente.it e tutto sarà ancora più chiaro.

L'ARTE DELLA PIANIFICAZIONE

"La scienza è conoscenza organizzata. La saggezza è vita organizzata."
- Immanuel Kant -

Per arrivare all'obiettivo utilizzi un carburante chiamato "motivi", in base a ciò riprogrammi la tua mente per ottenere il giusto atteggiamento che ti coordina e governa anche quando hai il minimo dubbio.

Sai come escludere le realtà che ti ostacolano, ora scopri come riconoscerle, come individuare le perdite di tempo e cancellare sia le une che le altre dal tuo cammino: se sei in grado di capire come arrivare a un certo obiettivo, non è detto che tu conosca il modo corretto o più veloce. L'unica via per impararlo è quella di pianificare il tuo percorso.

Conoscendo l'arrivo, i tuoi passi sono automaticamente nella direzione corretta, ma hai bisogno di schedularli per non imbatterti in spiacevoli fuori programma. C'è almeno un rimpianto nel tuo passato e cos'è se non la consapevolezza di aver compiuto azioni dettate da credenze che non si sono rivelate corrette nonostante ti sembrassero tali? Per evitare di perdere tempo attraverso decisioni che ti trascinano all'obiettivo ma più lentamente oppure non ti ci portano proprio, comincia a pianificare.

Ancora una volta, con approccio scientifico, dividi un problema in sotto-problemi e successivamente risolvili uno a uno. Applica questa lezione al tuo percorso e ottieni la programmazione: metodo mediante il quale è possibile dividere il tuo cammino (dove parti e dove vuoi arrivare) in piccoli passi che sono le azioni in sé (tipo allenarti o studiare) e stabilire l'ordine temporale con cui eseguirle.

Più semplicemente è compiere azioni in un ordine cronologico che ti porti all'obiettivo, ma non è pianificazione, poiché essa è il trovare il modo più corretto di programmare. Per esempio, vuoi allenarti per i 2.000 m che avranno luogo tra 60 giorni, ma devi anche studiare per un test di matematica. Hai la necessità di compiere due azioni in simultanea: programmi da subito sessioni di allenamento in ordine cronologico e sequenziale in base a esso e in base ai tempi che hai a disposizione per studiare, intanto pianifichi come strutturare il tutto in base alle tue competenze attuali, al tuo obiettivo, ai tuoi motivi e all'Universo (le cose che ti circondano come le tue esigenze personali o le prove concorsuali), insomma al tuo atteggiamento. Vedi la pianificazione come una componente fondamentale del tuo atteggiamento che ti permette di agire in maniera sicura così da non sentirti con le spalle al muro.

Esempio pratico: se sai di doverti allenare perché tra 2 settimane hai la prova di corsa piana di 2 km e che devi studiare per una prova di matematica tra 3 mesi, non poni l'80% dei tuoi sforzi sullo studio.

Altro esempio: se sei auto-consapevole delle tue ottime capacità atletiche, non hai bisogno di porre l'80% dei tuoi sforzi sull'allenamento, nonostante la prova abbia luogo tra 2 settimane.

Insomma tutto sta alla tua solita auto-consapevolezza che, come hai visto, non è essere convinto di te stesso, ma conoscere le capacità che devi acquisire, ma per farlo vieni a conoscenza delle tue capacità iniziali. Attenzione, perché non devi capire i tuoi limiti in quanto la tua mentalità è quella di colui che non li ha e sa di poter vincere, si parla di un concorso accessibile a tutti coloro che hanno i requisiti del bando: se hai potuto presentare domanda e l'hanno accettata, vuol dire che non hai limiti. Attraverso *"Esercizio –*

Scopri le tue carte", ti do la possibilità di capire il tuo punto di partenza e iniziare a strutturare il tuo percorso; reperiscilo qui http://www.concorsovincente.it e svolgilo, poi continua.

Ora conosci le tue capacità e cosa devi fare, ma ti è ancora necessario disporle in ordine cronologico per allineare le tue priorità, che sono i passi che formano il tuo percorso e che vanno anteposti ad altri che hanno minore urgenza. Per esempio, se sai che devi fare le analisi del sangue domani mattina, non vai a bere fuori con gli amici questa sera rischiando di comprometterle.

Si tratta di definire cosa è più urgente fare in quel preciso istante tra due o più alternative: con la pianificazione produci una sequenza di istruzioni che non ti permettono di includere azioni deleterie o inutili nei confronti del tuo obiettivo e sappi che molte delle cose che adesso hai attorno (Universo) devi escluderle. Grazie allo svolgimento di *"Esercizio – Abbandona la spirale sbagliata ed ingrana quella del successo"*, hai compreso che il tuo percorso attualmente non è una linea retta, ma per l'appunto una spirale che stai tracciando evolvendoti, un insieme di credenze, azioni, risultati, feedback e nuove credenze reiterate nel tempo che costituiscono la tua routine o meglio il tuo atteggiamento. Sai che è questa la spirale giusta perché conosci il tuo punto di partenza, l'obiettivo e le motivazioni.

Attualmente muovi i passi verso la vittoria solo grazie ai tuoi motivi, ma ancora non la vedi perché sei in uno stato mentale per cui l'atteggiamento del vincente non è ancora radicato in te. Lo raggiungi esercitandoti nell'applicare costantemente il manuale e appena ne hai fatto abbastanza, acquisisci l'abitudine e comprendi che il tuo scopo giungerà in automatico grazie all'ottenere una mentalità futura volta all'obiettivo.

Reitera l'abitudine nel tempo e arrivi automaticamente all'obiettivo e per renderlo ancora più vivido nella tua mente, pianificalo a tavolino strutturando il come lo raggiungi. Ecco il concetto appena espresso.

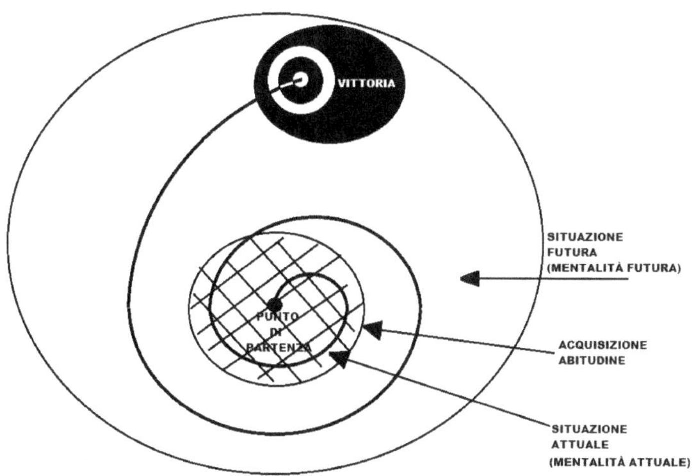

Guarda la tua evoluzione in *"Il tuo percorso evolutivo"* su http://www.concorsovincente.it . Essendo tu su di una spirale, un'azione fatta al di fuori di questa ha un'alta probabilità di gettarti su di un'altra che potrebbe rivelarsi più lenta se non addirittura errata. Anche solamente lo spostarsi da una spirale all'altra comporta un certo periodo di tempo per assimilare la nuova posizione.

Per stare nella spirale di prima avevi un certo atteggiamento, saltare su di un'altra implica che il tuo cervello deve impiegare del tempo per allinearsi alla nuova, cioè per riprogrammarsi. La riprogrammazione avviene in poco tempo se sei bravo o in molto se devi ancora imparare bene. Sono convinto che tu sei veloce a riprogrammarti, ma sono altrettanto sicuro che in nessuno dei due casi riesci a farlo giusto in tempo per la fase concorsuale successiva. Si può finire sulla spirale sbagliata a causa di una relazione sentimentale o di alcune distrazioni con gli amici o la famiglia.

Per farti capire meglio che è altamente probabile venire fuorviati e finire in qualche giro controproducente, ti regalo un esempio di ciò che è successo a me durante il concorso di Allievi Marescialli GdF, in *"È solo una questione di allineare le priorità"*. Consultalo su http://www.concorsovincente.it .

Non dico che devi lasciar perdere tutto e tutti, ma attraverso la pianificazione sei in grado di ritagliare i giusti tempi per non trovarti a fare troppe cose insieme. Gestire una relazione, la tua famiglia, i tuoi problemi personali o la vita di tutti i giorni assieme a un concorso così importante per te, è possibile solo attraverso la pianificazione della tua spirale del successo.

È la palla di neve che parte dalla cima della montagna e raggiunge la valle tramutata in valanga. Non dare la colpa all'Universo, ma a te che non hai pianificato per rimanere sempre a cavallo della stessa palla di neve. All'inizio pensi di farcela anche in un modo differente, dopo, a ragion veduta, ti rendi conto che è troppo tardi: attento a ciò che credi sia corretto.

Un consiglio spassionato che ti do è di svolgere *"Esercizio – Il mio consiglio per non perdere di vista l'unica priorità: la vittoria"* per comprendere come individuare ciò che ti ostacola e trovare una soluzione. Ecco il link http://www.concorsovincente.it. "Pianificare" per te significa modellare il tuo percorso e dipingere le azioni che compi con un senso cronologico dato dal ritmo scandito dalle date delle fasi concorsuali.

Nella pratica agisci secondo una linea guida generale che ti regalo per avere risultati ed essere sempre preparato. Non è necessario che io ti specifichi esattamente le prove previste dal tuo bando, poiché attraverso la riprogrammazione mentale e la pianificazione che ti sto regalando, hai tutti gli strumenti utili per adattarli al tuo specifico caso.

Devi sapere infatti che di base tutti i concorsi (e i processi di selezione del personale nelle aziende private) hanno alcuni elementi che li contraddistinguono, puoi evincerlo da più pubblicazioni di bandi nei diversi anni, ma ti risparmio la fatica ed elencherò le fasi fondamentali: *prove di cultura, di efficienza fisica, psico-attitudinali e visite mediche.*

Le *Prove di cultura* sono un insieme di test che vengono effettuati per capire il tuo livello culturale: tema scritto d'italiano, conoscenza della lingua straniera orale o scritta, quiz preselettivi a scelta multipla, interrogazioni di varie materie o simili. Si vuole capire il tuo livello base, ma soprattutto quanto sei disposto a studiare per passare il concorso, un'altra prova per valutare la tua determinazione nel perseguire il tuo desiderio di vincere.

Ti tolgo un dubbio enorme: non devi essere preparato per far vedere che sai tutto, ma perché vuoi realmente far parte di quell'Universo. Più volte mi è capitato di ascoltare candidati lamentarsi perché i test svolti, a loro dire, non coincidono con la realtà di quell'ente. Un candidato, durante il concorso Allievi Marescialli CC ha esclamato tra noi: "Come può coincidere una prova di matematica con l'Arma dei Carabinieri?". Intanto la gloriosa Arma dei Carabinieri, come le altre Forze Armate e di Polizia, ha varie sfaccettature che potrebbero comprendere figure dove un minimo di conoscenza pregressa in materia ci vuole e poi, anche durante un'interrogazione orale di matematica, sei sotto stress e quindi passivo di valutazione per vedere come reagisci.

Mi è successo con l'interrogazione di matematica in GdF. Dopo l'esposizione di un determinato argomento in una chiave corretta ma che al professore non è andata a genio, il presidente della commissione che stava assistendo alla scena mi ha detto: "Un ingegnere che non conosce la matematica".

L'ho presa di nuovo positivamente e così ho passato lo stesso quella prova, ho dimostrato la lucidità necessaria anche sotto stress, pensa per un attimo cosa sarebbe accaduto se avessi risposto a tono o fossi andato nel pallone. Credi in questo e non hai problemi quando ti trovi in quel momento. Aiutati sempre con le sensazioni fisiche, facendo un grosso respiro, pensa come ti ho insegnato e tutto andrà solamente a tuo favore: la spirale del successo continuerà sul suo cammino.

La *Prova di efficienza fisica* richiede una preparazione minima anche a livello mentale per reagire in maniera positiva allo stress. Un agonista capisce perfettamente che le prove da sostenere non hanno le difficoltà di una vera gara, ma la realtà è che lo stress è il medesimo poiché sei catapultato in un momento di valutazione.

Voglio farti ragionare su un concetto: manifesti tendenzialmente più tranquillità quando affronti prove che più ti competono e dove sei più portato perché conosci le tue capacità in maniera specifica e sai cosa devi specificatamente dimostrare. Se devi fare 20 piegamenti sulle braccia, non ci sono giri di parole attorno, devi solo eseguire ciò e se ne sei capace non hai paure.

Se devi sostenere un'interrogazione orale di matematica ti fai prendere più facilmente dal panico perché pensi di non sapere cosa esattamente ti viene chiesto, sviluppando ansia. Per ovviare, concentrati su cosa ti dice il bando imparandolo senza uscire dal seminato e non ti inventare nulla.

Solo con dei dati certi puoi pianificare e programmare, perché la tua vittoria è un risultato totalmente calcolabile e quindi calcola di vincere! Te lo sto mostrando, hai tutto ciò che ti serve per vincere, tutto è già calcolato e strutturato per darti ciò che vuoi, meno variabili hai nella tua espressione, meno dubbi hai sulla sua risoluzione, anche i più grandi sportivi sanno che la vittoria si calcola.

Tra le varie ricerche che tutti i giorni faccio online su fonti accertate, un giorno mi sono messo a cercare qualche personaggio di successo o un libro che spiegasse come calcolare la vittoria e ho digitato su *Google "come calcolare la vittoria"*: la prima frase suggerita dal motore di ricerca è stata *"come calcolare la vittoria di una schedina"*.

I suggerimenti di *Google* danno i termini più ricercati e sono talmente abituato a pensare che tutto dipenda da me che mi sono sorpreso: com'è possibile che la gente là fuori ricerchi la fortuna? Com'è possibile al giorno d'oggi non aver ancora compreso che la vittoria è calcolabile?

Si può ottenere ciò che si vuole semplicemente pianificando il percorso e poi seguendolo, non lasciando la propria vita nelle mani del caso o quella che noi chiameremmo "fortuna". Come puoi regalare la tua vita a una schedina o al gioco d'azzardo? È la constatazione di fatto che la maggior parte delle persone là fuori non pianifica il proprio successo, non dà un buon esempio e quindi non può consigliarti. Non voglio essere duro con te, se hai la tendenza o ti piace giocare la schedina, scommettere sulle partite, in modo ovviamente legale, è un passatempo.

Ma sai che non puoi pensare di cambiare la tua vita in questo modo e tengo a precisarlo perché adesso tu sei pronto per ascoltare queste parole. Sai che puoi arrivare dove vuoi perché non hai limiti, si tratta solo di metterti nella spirale del successo, pianificare dove vuoi arrivare e acquisire delle competenze e delle abilità per rispondere alle fasi che ti si prospettano durante i mesi di concorso.

Come vedi ogni prova è strettamente legata all'altra e scommetto che prima non avevi questa visione. Ora hai capito che l'Universo, ciò che ti circonda o le fasi concorsuali si accomunano. Il tuo punto di vista è quello di un vincente e ti ho regalato i miei occhi per battere tutto e tutti con una sola mossa.

Per le *Visite mediche* attieniti al bando, stando attento a portare tutte la documentazione richiesta.

Le *Prove psico-attitudinali* si dividono in test psicologici (o della personalità) e attitudinali, scritti od orali. Per entrambi puoi essere convocato in qualsiasi tipo di sessione, ad esempio un colloquio orale con psicologi o periti selettori (membri dello staff concorsuale che ti valutano) o un quiz a risposta multipla, in gruppo o da solo.

Possono essere confusi tra loro poiché apparentemente trattano sempre la tua personalità, ma nella realtà hanno la loro precisa funzione a seconda dei criteri che valutano. Aspettati di tutto: sessioni improvvise, sedute di gruppo o tirocini militari estremi. Spesso ho visto persone non essere dichiarate idonee dal punto di vista psico-attitudinale perché si sono comportate come prese di sorpresa.

Ho assistito a scene in cui alcuni candidati erano convinti di aver superato un colloquio attitudinale, invece era uno di quelli psicologici e così si sono trovati di fronte a un altro perito selettore dopo alcuni giorni o nel medesimo. Non erano preparati mentalmente e il fatto improvviso li ha costretti a ragionare come se fossero stati chiusi in un angolo, erano convinti che il "peggio" fosse passato, che la prova più complessa fosse superata, invece era stato semplicemente il preambolo. Il senso di questo esempio è farti comprendere come la sorpresa li ha proiettati in una spirale dettata da un atteggiamento di ansia dovuto all'eventualità non programmata: puoi immaginare com'è terminato il loro percorso.

Io so che tu hai un asso nella manica, perché anche se qualcosa ti sfugge, tu hai questo approccio: "Nessun problema, anzi è un'altra occasione per farmi valere". Alzi lo sguardo in modo fiero, sgranchisci collo, articolazioni di gambe e braccia, raddrizzi la schiena e ti senti sicuro. Non vedi l'ora di aumentare ancora di più la tua autostima con un'altra bella figura.

L'atteggiamento è la chiave di volta per tutte le prove, perché se è sicuro e rivolto all'obiettivo, tu non hai mai dubbi quando agisci: con la consapevolezza di aver già vinto tu sai compiere solo azioni corrette e coerenti alla tua spirale. Così non puoi mai sbagliare per esempio di fronte al test "Minnesota", dove la coerenza la fa da padrona. Conoscendo le generali tipologie di prove che devi sostenere puoi pianificare la tua vittoria, infatti è necessario conoscere tutti gli elementi che ti si pongono di fronte per creare i singoli passi da compiere: sai dal bando che cosa ti aspetta, hai elencato tutte le capacità che devi acquisire per superare le fasi, conosci i tempi e ti ho fatto una panoramica generica di quello che ti aspetta.

Adesso pianifica i passi, ma ancora una volta non ti inventi nulla perché ho creato per te una serie di istruzioni in vari estratti online che ti aiutano a indicare tutte le fasi che ti aspettano in ordine cronologico, le azioni che devi svolgere ogni giorno, i progressi che hai raggiunto e quanto ti manca per essere preparato alle singole fasi. Attraverso di essi comprenderai come ci sono tre cardini fondamentali per vincere: *attività fisica e nutrizione mirata, mindset (o assetto mentale)* e *pianificazione.* Tali estratti sono: *"Come costruire – Mindset"*, che ti permetterà di creare *"Mindset – Manuale giornaliero"* e *"Il piano perfetto"*.

Svolgine ogni parte da qui http://www.concorsovincente.it e una volta terminato, saprai che programmare è comprendere: da dove parti, dove passi e dove arrivi. Alla fine, invece, dedurrai che pianificare è trovare la penna per tracciare la spirale che passi attraverso questi tre punti, e il suo inchiostro sono i tuoi motivi.

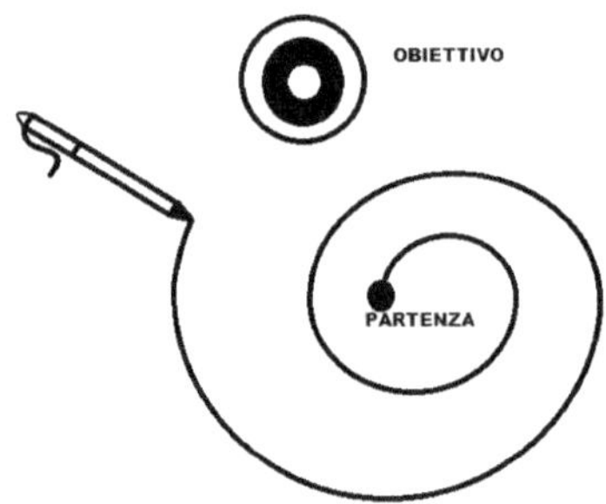

SEI TU CHE TI RACCOMANDI

"Se avete fiducia in voi stessi, ispirate fiducia agli altri"
- Johann Wolfgang von Goethe -

Una questione di fiducia

Ormai sei un asso dell'auto-riprogrammazione mentale perché hai capito che hai bisogno di intervenire sulle tue credenze. L'atteggiamento corretto è quello che ti manterrà sulla tua spirale verso l'obiettivo, soddisfacendo i tuoi motivi. La pianificazione è il tuo "cavallo di battaglia", "giochi" con le tue emozioni, i tuoi 5 sensi e i tuoi ragionamenti per rispondere all'Universo che ti circonda.

Con tutta questa consapevolezza sei in grado di raccomandare te stesso. Ho voluto scrivere una parte apposita sull'argomento *"raccomandazione"* poiché è una delle realtà che là fuori tutti sono convinti esista. Sì! La raccomandazione esiste, hai capito bene, ma è quella che tu darai a te stesso. Negli USA, per trovare lavoro, le cosiddette "raccomandazioni" sono un elemento necessario e vincolante da inserire nel curriculum vitae. I responsabili del personale richiedono una lettera di raccomandazione da parte dell'ex datore di lavoro per sapere se sei o meno una persona raccomandabile, cioè degna di fiducia.

Ne abbiamo un cattivo concetto in Italia, perché pensiamo sempre al problema del conflitto di interessi: il figlio o l'amico del capo, lo zio maresciallo, il cugino medico e così via. Peccato che quest'ultima non è raccomandazione, ma malizia e spesso solo pettegolezzo.

I cosiddetti raccomandati, coloro che hanno qualcuno da dietro che li protegge e che gli spiana la strada, non hanno vita facile poiché avendo avuto le spalle al coperto, non hanno sviluppato il giusto atteggiamento per mantenere il ruolo che gli è stato regalato. A spalle scoperte non hanno le motivazioni o gli obiettivi chiari per rimanere sulla spirale che qualcun altro ha disegnato per loro. La storia è piena di figli di re o imperatori che non sono stati all'altezza dei padri. Tu hai la tua spirale, hai i tuoi motivi, il tuo obiettivo e la situazione da cui parti: nessuno ti può fermare o darti del filo da torcere poiché tu sei la tua stessa raccomandazione. Voglio farti un esempio su ciò che è accaduto a me durante il colloquio attitudinale con il perito selettore del concorso Allievi Marescialli EI, uno di quei momenti leggendari, di cui tutti parlano e hanno ansia, ma che tu non vedrai l'ora di affrontare per metterti veramente in luce.

Quel giorno siamo stati accompagnati in 5 all'interno di un'anticamera per attendere di entrare in un ufficio dove sarebbe avvenuto il colloquio. Prima di noi, nello stesso ufficio, hanno affrontato lo stesso perito selettore almeno un'altra ventina di candidati, tutti a scaglioni di 4 o 5. I colloqui sono durati 2 giorni e nella sala in questione ho atteso oltre 2 ore prima di venir chiamato.

Sono stato convocato a voce dal perito e non appena varcata la soglia mi ha chiesto di chiudere cortesemente la porta. Ho salutato con un buongiorno e mi ha risposto facendomi segno di sedermi.

Ha iniziato chiedendomi alcune delucidazioni riguardo la mia provenienza geografica e le mie origini, quali concorsi avessi seguito prima e perché volessi arruolarmi. Ho spiegato i miei motivi e tra questi ho aggiunto: "Ho sempre avuto stima dell'Esercito, nel paesino da dove provengo quasi tutti sono stati alpini e quando mi arruolerò lo diventerò anche io". In risposta, con un tono inquisitorio: "Bene, se conosce gli alpini saprà di che cosa fanno parte...". Con molta consapevolezza io: "Dell'Esercito Italiano". Lui mi disse: "Sì, ovviamente, ma in particolare, dove li posizionerebbe nella struttura organica?".

A quel punto, sempre con tranquillità e sicurezza, ho ammesso che non lo sapevo proferendo testuali parole: "Non lo so, non conosco l'argomento, so solo qualcosa di quello che fanno e mi interessa". Allora ha proseguito: "Che cosa fanno secondo lei nello specifico?". A quel punto gli ho spiegato in generale ciò che conoscevo, ad esempio la caratteristica di venire impiegati in zone operative, ciò che concerne la vita in montagna, la capacità di sopravvivere in luoghi angusti e cose simili.

Non sono stato per niente specifico, anzi, se sei alpino o ne capisci, potresti farti una risata. A oggi, facendo parte dell'Aeronautica Militare, conosco molto meglio le differenze tra le varie FFAA, i Corpi, i Reggimenti, i Gradi e quant'altro. In quel momento non conoscevo nulla, ma l'ho semplicemente ammesso con atteggiamento sicuro e tranquillo, lasciando intendere che pur non sapendolo, non sarebbe stato un problema farne parte. Ora mi vuoi chiedere: "Mi stai prendendo in giro?!" No. Se ti fanno determinate domande è perché vogliono vedere passione, solo in parte cercano conoscenza dell'argomento.

Ti consiglio di dare una letta alle informazioni concernenti la struttura e le competenze dell'organo per cui concorri, ma non potrai mai saperne di più del perito selettore, non ti far condizionare dal fatto di non sapere qualcosa, sii sicuro solo dei tuoi motivi e del tuo obiettivo.

Ti posso garantire che quello che è accaduto subito dopo la mia ultima affermazione ti lascerà a bocca aperta, infatti mi ha chiesto: "Mi sa almeno dire l'Esercito come è diviso? Divisioni, Reggimenti, Corpi o altro insomma...". La mia risposta: "No...", al che mi ha detto: "Mi scusi, lei vuole vincere il concorso, entrare negli alpini e non sa niente? Per me abbiamo terminato, può pure andare...". In quel momento mi ha fissato con serietà, ma non severità. Dal suo volto ho compreso che nei miei confronti non si era infastidito, semplicemente aveva assunto la solita espressione insensibile del perito selettore, capirai cosa intendo quando ti capiterà, ma sarai pronto. Mi sono alzato, gli ho augurato una buona giornata e gli ho allungato la mano per una stretta in maniera professionale e sicura.

Quello che è successo subito dopo è stata una cosa spettacolare, ancora oggi lo ricordo come un bellissimo regalo. Mi ha guardato negli occhi facendo un sorriso di soddisfazione e affermando: "Io non stringo la mano mai a nessuno, non lo faccio durante i colloqui e non l'ho fatto con nessuno in particolare oggi, ma a lei la stringo proprio volentieri!".

Poi mi ha afferrato la mano e ha continuato: "Lei sicuramente entrerà da qualche parte. Mi ha detto che sta facendo altri due concorsi in Marina Militare e in Aeronautica Militare... sicuramente entrerà almeno in uno, non so nell'Esercito Italiano perché non conosco il suo punteggio, ma di sicuro lei ce la farà perché è una persona in gamba e sarebbe un collega degno di fiducia". A quel punto ho ricambiato il sorriso, ho ringraziato e gli ho augurato nuovamente una buona giornata uscendo dalla porta. Sono stato convocato in giornata e ho scoperto di essere stato giudicato "idoneo" al colloquio e quindi per l'EI. Tutti e 4 i ragazzi con me nella sala d'attesa sono stati giudicati "non idonei" al colloquio e come loro, in quella giornata, tutti quelli che hanno affrontato il perito selettore da cui io sono stato valutato. Si parla di almeno 20 persone.

Hai capito cosa significa raccomandare te stesso, essere in grado di far capire che gli altri possono avere fiducia in te? A chi dai la tua fiducia? A una persona sicura, che sa il fatto suo poiché sa dove vuole arrivare oppure a uno qualsiasi che ti passa davanti e magari ti mostra titubanza? Tu puoi scegliere a chi dare fiducia così come tu puoi scegliere chi ha fiducia in te.

Non dimenticare mai che solamente tu sei in grado di far sì che le persone intorno ti diano credito, il tuo atteggiamento diventerà inevitabilmente attrattivo per chi ha veramente interesse nei tuoi confronti e non solo per chi ha meri interessi personali. Come ti ho detto in passato, se diventi mentore di te stesso, automaticamente lo diventi per qualcun altro e sarai la luce in fondo al tunnel. Ti voglio raccontare del mio colloquio con il perito selettore per il concorso Allievi Marescialli AM. Mi ha chiesto che immagine avrei avuto di me un giorno arruolato e poi divenuto maresciallo (qui sei avvantaggiato perché hai fatto gli esercizi). Prontamente ho risposto che sarei diventato meccanico di aerei, ancora non sapevo bene di cosa si sarebbe trattato, quindi i miei concetti sono stati generici.

Mi ha chiesto di proseguire più nello specifico, allora ho continuato spiegando che mi sarei visto un giorno su una portaerei a gestire decolli e atterraggi. Inutile dire che mi ha interrotto e con un fare scocciato ha asserito: "Sulle portaerei ci sono aerei della Marina Militare". Ancora mi viene da ridere ogni volta che ci penso, ma non lo sapevo. Ho comunque superato quel colloquio, il concorso e alla fine ho vinto.

Come vedi si possono anche fare le "figuracce", la differenza è saper essere sempre affidabili, capendo il proprio errore e manifestando che si sa andare avanti senza farsi condizionare dalle difficoltà appena riscontrate. Tu già sai che per reagire in positivo devi accantonare la batosta e riprogrammare d'istinto i tuoi pensieri, così da non offuscare il tuo atteggiamento positivo. Quel perito selettore ha deciso che io sarei stato una persona raccomandabile, di cui fidarsi e io ho scelto ben prima di lui di dimostrarmi tale. Ci si raccomanda facendo sì che chi ci sta valutando possa affermare "Questo sarà un collega affidabile".

Hai compreso cos'è la fiducia e chi diventa degno di essa, ma per riassumere è semplicemente colui che ha fatto tutti gli esercizi fino a questo punto, ha maturato l'atteggiamento del vincente e ha pianificato la sua ascesa. Ora presta molta attenzione *"Esercizio – Datti fiducia perché sei raccomandabile"* qui su http://www.concorsovincente.it e svolgendolo seguendo in ordine le operazioni, diventa la luce in fondo al tunnel di te stesso.

Impara a comunicare per esser degno di fiducia

Hai il potere di cambiare le cose, arrivare all'obiettivo senza nessun altro che ti aiuti, fidandoti di te stesso e capendo che è l'unico modo. La tua sicurezza diventerà attrattiva per l'interlocutore che ha dubbi nei tuoi confronti. Se non sei sicuro di te stesso perché dovrebbe esserlo lui? Dimostri la tua sicurezza comunicando correttamente. Se ti esprimi correttamente sai ottenere ciò che vuoi, perché la comunicazione è semplicemente inviare un'informazione affinché un interlocutore la recepisca, ma soprattutto capisca ciò che gli vuoi far intendere. Per fare ciò è necessario diventare chiari, ma non è solo un fattore di atteggiamento mentale, anche di *"forma fisica"* e *"forma oratoria"*.

Hai mai notato che la maggior parte delle persone che ha incarichi di responsabilità oppure guadagna di più della media ha modi di parlare e di vestire peculiari? Pensa ai parlamentari, alle persone di legge, agli imprenditori di successo, ai diplomatici o ai grandi della storia. Tutti sono o sono stati accomunati dall'abilità oratoria e da una presenza visiva pressoché eccellente. Questo è un concetto indispensabile che ti colpisce soprattutto una volta che vinci il concorso e indossi un'uniforme: *la forma è sostanza*.

Immagina soprattutto di applicare ciò durante il colloquio attitudinale, quando nel tuo fucile hai da sparare solamente una cartuccia, nel momento in cui hai un'unica possibilità per farti benvolere da chi ti valuta. *"Non c'è una seconda occasione per fare una buona prima impressione" (Oscar Wilde)*. La fiducia non si ripone soltanto per il modo di fare, per quanto tu sei sicuro di quello che dici, ma spesso le persone, è comprovato, ti squadrano nei primi secondi in cui ti vedono e lo fai anche tu con loro, ma andiamo a fondo.

La *forma fisica* è la postura, la conformazione fisica che presenti nel momento in cui parli, i gesti che fai o le tue movenze. Tieni il busto eretto, il petto in fuori e la pancia in dentro, sii composto, guarda negli occhi dell'interlocutore, non in giro, e non mostrare fatica nel tenere la postura del vincente, diventerà la tua.

Respira con calma e pensa che quella è la tua situazione naturale e il tuo biglietto da visita. Cosa penseresti di uno che ti guarda e sta gobbo o scomposto? Di uno che sbraccia mentre si esprime o si gratta di frequente la testa, che fissa la cattedra mentre ti parla o si sfrega mani e ginocchia mentre è seduto? Sicuramente è un elemento disturbante o comunque che non esprime fiducia.

Presentati bene, sii fiero, pensa al tuo atteggiamento e ti porrai nel giusto modo. Anche il tuo vestiario è importante, se sei professionale ti vesti da professionista. A ogni lavoro il suo costume: il medico indossa il camice, il giudice la toga, il meccanico la tuta e tu un abbigliamento consono. Non intendo giacca e cravatta, ma qualcosa di sobrio e col quale sentirti a tuo agio, una camicia, pantaloni lunghi non strappati, orologio e scarpe casual, non da ginnastica: *l'abito fa il monaco* come per un colloquio di lavoro.

Tieni d'occhio il taglio di capelli, cura unghie e mani. Se sei un uomo tieni in ordine la barba e se puoi tagliala o tienila corta e curata, perché per qualsiasi accademia, scuola o professione affronti dopo la vittoria, ti sarà richiesto di farlo ogni giorno. La tua mente proiettata al risultato è già sicura della vittoria, così dimostrerai solamente di essere pronto a quell'Universo.

La *forma oratoria* è data dalle parole che usi e come ti esprimi tenendo conto dei *6 fattori chiave di una perfetta orazione: volume, tono, chiarezza, velocità, sicurezza e dialogo*. Il tuo volume non dovrà essere basso, ma abbastanza alto da farti sentire, non aver paura di ciò che dici ma evita al contempo di esagerare.

Il tono è tranquillo, pacato, ma non essere soporifero o esageratamente sommesso. Come al solito col giusto atteggiamento saprai che tipo di toni utilizzare, ma al contrario non eccedere di presunzione, superbia o asprezza. Ricorda sempre che hai davanti chi è disposto o meno a provocarti, piuttosto pensa un secondo in più e modula la tua voce.

Sii chiaro quando parli, non essere troppo veloce, non tagliare le parole, soprattutto non utilizzare forme dialettali o simili. Non dico di cancellare il tuo accento, ma sicuramente parlare italiano il più chiaro possibile e con forme verbali corrette.

Utilizza i congiuntivi nel modo corretto, inserisci il passato prossimo al posto del passato remoto il più possibile e non dare del "voi", ma del "lei". Qui potresti aprire una parentesi che probabilmente non ti porterebbe a nulla, sappi che più parli italiano corretto e di comune uso, maggiore è il grado di soddisfazione del tuo interlocutore poiché dimostri di impegnarti nel volergli far capire cosa dici, senza paura di affermare le tue idee.

Con me questi piccoli accorgimenti hanno sempre fatto la differenza e più volte mi è stato fatto notare da chi mi ha valutato in modo positivo. Non essere eccessivamente veloce, potresti mangiarti alcune parole così da far intendere che tu non abbia voglia di parlare o addirittura che nascondi ciò che dici.

Al contrario, non andare lento poiché l'interlocutore potrebbe trovare spunti per interromperti, potrebbe non trovare nulla di interessante e di sostanziale in quello che stai proferendo oppure potrebbe sentirsi annoiato e non coinvolto nel dialogo. Tutto ciò non significa che non devi mai parlare lentamente o velocemente, ma auto-regolati a seconda di quello che stai dicendo.

Applicando a regola d'arte le due forme di espressione appena viste, farai capire che sei una persona determinata, che non hai nulla da nascondere e soprattutto che i tuoi punti di vista sono razionali. Quando l'interlocutore ti parlerà, tu sarai tranquillo nello spiegargli le tue ottime ragioni infondendogli sicurezza. Ti servirà di fronte allo psicologo per non inciampare in problemi di "balbuzie" improvvise, insicurezze di linguaggio o silenzi imbarazzanti sopraggiunti in quell'istante.

Raccomandare te stesso, come ti ho rivelato, significa fare in modo che l'altra persona possa fidarsi di te, cioè far sì che durante la comunicazione, il tuo interlocutore riponga in te le sue migliori aspettative, ma soprattutto che non abbia una cattiva idea sul tuo conto.

Le regole della perfetta orazione coprono la tua capacità di esprimere sicurezza in ciò che dici, ma anche i contenuti sono importanti, o meglio il dialogo in sé. Questo sesto, ma non ultimo, fattore chiave per una perfetta orazione si compone delle *"7 regole del perfetto dialogo con un perito selettore"*, che adesso ti vado a illustrare.

Mostra rispetto per le idee altrui, soprattutto non dire mai "lei ha torto"; non interrompere mai l'interlocutore e impara ad ascoltare; cerca sempre di vedere le cose dal punto di vista del tuo interlocutore; se hai torto ammettilo subito e spassionatamente e se necessario chiedi scusa; non cercare qualcuno che ti dica "bravo" o sia d'accordo con te; rispondi in modo chiaro, diretto e conciso senza tergiversare o fare giri di parole; il miglior modo per avere successo in una discussione è evitarla.

Dalla lista appena stesa, puoi evincere che la persona che hai di fronte è un essere umano come te e ha le sue idee nei tuoi confronti. Affermare o far intendere che tu non sei d'accordo con quello che dice o addirittura fargli pensare che lui abbia torto, non è produttivo.

Questo non per averlo contraddetto in sé, piuttosto perché non sarai professionale: lui ti sta testando e provocando, il tuo scopo non è quello di avere ragione, ma dimostrargli che non reagisci con ostruzione a ciò che accade, che tu abbia torto o meno. Se non ti piace o sei contrario a ciò che ti ha detto, se fa una battuta e la consideri un'offesa o ti fa alterare, ricorda che egli non ce l'ha con te, ma deve testarti.

Continua per la tua strada senza curarti di nulla, come affermò Dante Alighieri: *"Non ragioniam di lor, ma guarda e passa"* *(Inferno, III, v. 51)*. Non lo interrompere: lui comanda la conversazione, non sei tu a doverlo valutare. Lui può decidere ogni cosa nei tuoi confronti. Ricorda che potrebbe interromperti per irritarti o innervosirti, alzare i toni per incuterti timore o sembrarti scocciato per sminuire la tua persona o quello che dici.

Per non interrompere è indispensabile imparare ad ascoltare ciò che ti dice. Se cominci a immedesimarti nella sua situazione, vedendo le cose coi suoi occhi, allora ti è più semplice non reagire. Se ha scoperto o ti ha detto che hai torto, ammettilo spassionatamente subito, non permettere che lui ti spieghi il perché e non cercare di rigirare la frittata: pensa al mio esempio di quando ho detto che mi sarei visto su una portaerei.

Ho ammesso l'errore chiedendo scusa e continuando nello spiegare le mie motivazioni. Chiedi scusa ma non tergiversare su quell'argomento, pensa se io avessi continuato: "Pensavo che fossero dell'Aeronautica, si può anche sbagliare… perché gli aerei di solito sono dell'Aeronautica Militare, ecc.".

Questo non avrebbe portato nulla di produttivo, anzi lo avrebbe portato a continuare l'argomento, magari a tirare fuori la mia incompetenza e le mie incertezze, così, mettendo il dito nella piaga, mi avrebbe messo non poco in difficoltà. Ciò porta al fatto che non devi cercare da lui complimenti o che ti dia una pacca sulla spalla dicendoti "Bravo candidato".

Sei sempre stato abituato, a scuola o all'Università, ad avere un voto per valutare quanto sei competente o meno. Questa è la vita, ti sei scelto una carriera da professionisti che indipendentemente dalla pacca sulla spalla o meno continuano a fare il loro lavoro. Mostra rispetto verso te stesso non cercando approvazione dagli altri e ricorda che il tuo atteggiamento da vincente non crescerà con questo tipo di soddisfazioni.

Il vincitore è colui che sa ciò che vuole indipendentemente dal pensiero degli altri e che quindi, quando afferma i suoi desideri o ciò in cui crede, lo fa in maniera chiara, concisa e diretta senza continuare discorsi, tergiversare o argomentare. Guarda *"Esempio del Tergiversare"* su http://www.concorsovincente.it affinché tutto ti diventi più chiaro.

Continuare a parlare senza che nessuno te lo abbia chiesto è controproducente anche perché l'interlocutore potrà trovare degli spunti per metterti in difficoltà. Mi è successo al colloquio Allievi Marescialli AM. Il perito selettore: "Come mai ha fatto così tanti lavori, non è che si stanca, poi molla, d'altronde cambia spesso idea...".

Ti ho già parlato del motivo, ma ti dico cos'ho risposto a quella provocazione per niente velata: "Ho sempre lavorato per mantenermi da solo, ho abbandonato l'Università perché ho scoperto di volermi arruolare. Ho svolto lavori brevi e di poco conto appositamente per affrontare i concorsi. In questi ultimi quattro anni ho solo lavorato e studiato per i concorsi, non avrei potuto avere un lavoro stabile e duraturo, nessun principale ti prende fisso se sa che domani te ne vuoi andare."

Ora ti è chiaro? L'atteggiamento corretto ti porta a tirar fuori soluzioni logiche che facciano sempre tornare i conti. Se tu prendi atto del fatto che ogni cosa che hai fatto fino a oggi è rivolta al concorso, non hai problemi a rigirare sempre tutte le obiezioni verso quella direzione. Forse tu hai ancora dei dubbi, forse pensi che sia corretto semplicemente essere onesti, dire ciò che si pensa poiché non c'è nulla da nascondere. Questo atteggiamento ti dà sicurezza, ma è la strada per portare l'interlocutore a trovare spunti per remare a tuo sfavore.

Pensa se affermi un motivo come "Tutti intorno a me sarebbero fieri perché ci tengono che io diventi un maresciallo". Scommetto che il valutatore avrebbe tranquillamente obiettato: "Quindi lo fa solo per via di quello che pensano gli altri?". Avresti dovuto necessariamente tergiversare per voltare la frittata. Sicuramente avresti trovato il modo, ma sarebbe stato abbastanza stressante.

Non devi pensare come sei adesso, ma come se già fossi vincitore: "Essere te stesso? No! Essere ciò che vuoi diventare". Voglio smuovere dentro di te quella scintilla che ti permetta di accenderti e catapultarti verso il "nuovo te", quello che vince il concorso. Seguendo l'ultima delle 7 chiavi, posso concludere sintetizzando tutte le prime sei regole del perfetto oratore con: il miglior modo per vincere una discussione è evitarla. Non dai spunti a nessuno per incriminarti e non ti metti in brutte situazioni, nessuno dei partecipanti al colloquio arriverà al punto in cui deve ammettere di avere torto o tu non dovrai essere inquisito per avere inteso male una domanda o esserti espresso male.

Conclusione

I raccomandati non esistono, che ti piaccia o no. Esiste esclusivamente chi si sa raccomandare da solo. Se ancora non mi credi sappi che ti conviene pensarlo, perché tu sei un vincente, ti ho spiegato che è la cosa più conveniente da pensare e credere l'opposto è solo uno dei tanti alibi dei mediocri. Il cosiddetto raccomandato un giorno si pente della sua posizione, ha la frustrazione di non avercela fatta con le proprie forze e l'angoscia di chi un giorno non saprà come cavarsela in solitudine.

Quando lavora con gli altri, non viene tenuto in considerazione a causa della sua incompetenza, diventa un problema per gli altri e per sé stesso. Tu non sei un problema per gli altri e per te stesso, ma una risorsa per la tua mente, il tuo corpo e l'Universo di persone che ti circondano, sei un astro che brilla di luce propria, indipendentemente dal fatto che le altre stelle si spengano o meno. Non hai bisogno del supporto di nessuno, sei la tua guida. Da quando siamo nati ci hanno sempre valutato: a scuola o a lavoro ti hanno insegnato che hai sempre bisogno di qualcuno che ti assegni un voto: lascia perdere, ora tu sei la tua pacca sulla spalla, ti dai il voto e costruisci la tua fiducia in te stesso.

Il segreto è: il tuo atteggiamento di sicurezza verso te stesso (auto-consapevolezza), ma tenendo conto dell'Universo (elasticità), fa sì che tu acquisti fiducia nelle tue forze e in ciò che sei, così gli altri non potranno che avere stima di te. Non è in base a ciò che gli altri ti dicono che hai ragione o torto, che sei buono o cattivo, ma solo in base al tuo obiettivo, ai tuoi motivi e dunque a te stesso. Apprezzerai il tuo io, perché capisci il potere illimitato delle tue azioni che ora più che mai sono sicure. *"Non preoccuparti se gli altri non ti apprezzano. Preoccupati se tu non apprezzi te stesso."* *(Confucio)*

L'ANSIA DEGLI INESPERTI

"Io non ho fallito 5.000 esperimenti. Ho avuto successo 5.000 volte, gli insuccessi mi hanno insegnato che quei materiali non funzionavano."

- Thomas Alva Edison -

Ormai sei pronto, potrei terminare qui il testo, ma ho bisogno che tu abbia presente ulteriori trucchi a livello pratico. Già sei preparato e testato nella pratica grazie agli esercizi, ma hai bisogno di approfondire. Ti ho accorciato la strada, se segui tutto ciò che ti ho detto non dovrai perdere più di 4 anni come me, ti basterà applicare i miei consigli da subito.

Ti ho raccontato del mio declino dopo la perdita dei concorsi, dei dubbi e le incertezze che ho manifestato, ma voglio parlarti di una cosa simile successa a un amico. Nel 2017, durante il corso a Viterbo, ho conosciuto un ragazzo di 23 anni con il grado di truppa. Ha vinto il VFP4 ma il suo vero scopo era quello di vincere Allievi Marescialli AM.

Ho potuto vederlo in azione durante un tirocinio, non è stato pronto e quell'anno ha perso, neanche idoneo non vincitore, scartato durante il colloquio attitudinale. Terminato il tirocinio che lo ha visto escluso, l'ho sentito al telefono per quasi un'ora mentre attendeva il treno di ritorno verso casa. Era affranto, dubbioso e già stava pensando ad altro.

Ha affermato più volte che non sarebbe più stato possibile per lui diventare maresciallo per colpa di quel terribile ambiente che gli aveva rubato il suo sogno. Secondo me lui ce l'avrebbe fatta lo stesso, l'ho percepito durante la chiamata: uscire dal percorso può succedere a tutti, ma quando pensi di esserne fuori probabilmente ci sei ancora dentro. La mia spirale verso la vittoria è durata 4 anni e questo tempo sarebbe dovuta durare, anche nella sua è stato previsto il fallimento.

Quando mi ha chiamato ha asserito con determinazione che non avrebbe più partecipato a quel concorso poiché quell'ambiente non faceva per lui. Ecco un alibi dei mediocri, quella pillola di dolcezza da dare alla propria mente per non accettare la realtà di un fallimento. In verità il fallimento è solamente una delle tappe di cui devi tenere conto.

Non andrà tutto bene, tu devi essere in grado di superare passo dopo passo gli ostacoli che ti si presentano davanti perché *"Un vincitore è un sognatore che non si è mai arreso" (Nelson Mandela)*. Come risposta alle sue affermazioni non me la sono sentita di convincerlo a non pensare così, poiché sapevo che in quel momento lui era ferito e il suo cervello aveva bisogno di gettare subito l'acqua ossigenata, pulire la sporcizia e iniettare la morfina per non sentire dolore.

La ferita era aperta, non aveva un senso cercare di curarla come se fosse già in via di guarigione. Ho deciso di confermare a voce che ha avuto tutte le ragioni per pensare quello che stava dicendo. È stato serio e sicuro di sé nell'affermare quelle negatività e condurlo in un'altra direzione avrebbe solo aumentato i suoi dubbi, portandolo a pensare ancora di più di avere ragione. Per meglio dire, le sue emozioni stavano governando i suoi ragionamenti e suscitare altre emozioni di quel tipo lo avrebbe solo fatto convincere ancora di più. Al che gli ho detto: "Non ci pensare, torna a casa, fatti quel poco di vacanza che rimane, sfogati e abbi cura di te stesso, so che se mai rifarai il concorso, hai imparato la lezione perché tu sei uno che impara dagli eventi, non rimane schiacciato".

L'anno successivo mi ha mandato un messaggio dicendomi che avrebbe rifatto il concorso e ho scoperto che lo ha vinto perché è stato lui stesso a chiamarmi e a dirmelo. Come vedi ha capito che il fallimento è necessario per avere successo. Ama il fallimento e ringrazialo come se fosse il successo, poiché più la strada si fa dura, maggiore sarà il prezzo da pagare e quindi più valore avrà ciò che ottieni nel momento in cui riesci ad afferrarlo.

Non pensare al declino, non creare un'aura di negatività gettandoti in una spirale opposta, ma pensa di camminare sempre sulla stessa: questo è pensare da vincenti e avere l'atteggiamento di chi non si ferma al primo ostacolo. Non dare mai al tuo cervello la possibilità di pensare a un'alternativa ai concorsi, non lo può sopportare e non ti crede perché tu ormai sei la persona vincente.

La tua mente è talmente abituata a pensare di vincere che non si accorge neanche del momento in cui c'è una situazione avversa. Pensa d'istinto che sta andando nella direzione giusta e questo è solamente un salto a ostacoli. Ci vuole tempo per vincere un concorso, non è gara per centometristi, ma per maratoneti, coloro che continuano a giocare il gioco nonostante le cose si facciano più lunghe del previsto.

Non è semplice, sennò tutti ce la potrebbero fare, ma io sono convinto che adesso tu comprendi cose che chi non ha questo manuale non conosce. Con la pianificazione escludi ogni variabile, la vittoria a tavolino è tua, devi essere disposto ad accettare il fallimento.

Tu non sei la somma dei tuoi successi, ma dei fallimenti che hai affrontato per avere successo. Voglio farti ripassare una "chicca": esistete solo tu e l'Universo che percepisci, non quello reale, quindi puoi agire per modificare solo te stesso affinché tu percepisca ciò che vuoi. Ogni volta che affronti un nuovo concorso le cose cambiano poiché tu cambi.

Percepisci un nuovo Universo in base alle tue nuove credenze, secondo lo schema che già ti ho regalato che è la base fondamentale per modellare la realtà a tuo piacimento. Chi è l'inesperto se non colui che non è ancora entrato nella pratica nella della manipolazione della realtà percepita? Tu non sei inesperto, tu puoi vincere un concorso e lo vinci.

Lascia l'inesperienza a chi non vuole ammettere ciò, a chi si sollazza delle proprie scuse, non corregge il proprio atteggiamento, non fa i compiti, non gioca con i propri sentimenti, col proprio fisico e con la propria ragione.

Tu non hai ansia e non hai paura, tu sei padrone e servo, tu sei inizio e fine, tu sei lo scoglio a cui si aggrappa chi si vuole salvare dall'onda del mare. Tu sei e sarai quel mare.

IDONEO VINCITORE VS IDONEO NON VINCITORE

"SEI - RYOKU - ZEN - YO"

Detto principio di "Massima efficacia e minimo sforzo"

- Fondatore del Judo Kodokan - Jigoro Kano -

Idoneo è colui che passa tutte le prove fino all'ultima ed è vincitore nel momento in cui, secondo graduatoria, rientra nelle posizioni valide per essere arruolato, mentre non vincitore se escluso. In questa parte osserverai la differenza tra chi ha fatto i compiti e chi no. Sei idoneo vincitore se fai gli esercizi, leggi il manuale, crei la tua esperienza e segui tutti quei principi che fino adesso ti ho donato.

La differenza tra "idoneo vincitore" e "idoneo non vincitore" è un filo sottile: pensa a quel decimo di punto che non mi ha permesso di vincere il concorso in GdF, esso è la proiezione della mia insicurezza. Quando commetti una singola azione data dalle tue credenze, non pensare mai che il risultato ottenuto sia uguale a essa, piuttosto alla sua moltiplicazione.

Sicuramente hai già sentito l'espressione "effetto farfalla", cioè la capacità di un battito di ali di farfalla di sviluppare una tromba d'aria dall'altra parte del mondo. Non ti sto dicendo niente di nuovo, è lo stesso identico concetto che esprime la palla di neve che ruzzola fino a diventare una valanga nel fondo valle o la nostra spirale di cui abbiamo già parlato. Non ti aspettare mai che il tuo risultato abbia una forza pressoché simile all'azione che hai impiegato per ottenerlo, ma aspettati sempre il manifestarsi di ulteriori conseguenze concatenate tra loro.

Questo ti serve per constatare la potenza delle tue azioni e come tu con un misero dito puoi spostare una montagna. Un ingegnere costruisce strade, palazzi, distrugge montagne e fa esplodere intere città solo agendo attraverso calcoli o pensieri che non hanno per niente l'aspetto di un qualcosa di concreto.

Questo è l'effetto farfalla e immagina di essere il coleottero per sfruttare al meglio il tuo potenziale e con una tua singola azione (il battito d'ali) scatenare un risultato ben più ampio (un tornado), non per forza di più delle tue aspettative, ma di più dell'energia che hai esercitato per compiere quella determinata azione.

L'idoneo vincitore è quella farfalla, colui che ha compreso più di tutti cosa può provocare con un semplice battito d'ali. Ma come diventarlo? Come creare una potenza illimitata con delle ali così fragili? Fai del concetto *"massima efficacia e minimo sforzo"* una legge di esistenza. Tornando alla disciplina marziale del judo, pensa all'ideogramma "DO", che come ti ho detto è il "percorso", ma pensa a esso come una spirale.

La parola è formata anche da "JU", che esprime il concetto di "cedevolezza", cioè la capacità di cedere il passo alle forze esterne, per meglio dire far sì che queste diventino passi della tua spirale. Ottieni "minimo sforzo e massima efficacia" quando osservi l'Universo, comprendi che per te è incalcolabile poiché infinito, cedi a esso il passo e usi la forza che ti imprime cambiandone la direzione a tuo vantaggio.

Pensa di avere una forza fisica pari a 2 e una persona di fronte ti spinge con forza pari a 10. Quest'ultima ha la meglio a meno che tu non impari l'arte della cedevolezza, cioè la capacità di prendere la sua forza e direzionarla lì dove vuoi tu. Tutto l'esterno risulterà una sorta di acceleratore per arrivare al tuo fine. Pensa a *"Esercizio – Dai l'esempio agli altri"* in cui hai preso le paure degli altri e le hai mutate nella tua forza per dar loro l'esempio o a *"Esercizio –*

Scatta solo istantanee positive" dove hai preso le cose negative che ti arrivano dall'ambiente esterno e le hai trasformate in forze performanti nei confronti del tuo obiettivo. In quest'ultimo caso hai letteralmente afferrato la forza negativa e l'hai posizionata sulla tua spirale sfruttandola come un vero e proprio acceleratore.

Applica il concetto di "JU" a ciò che ti interessa, pensa a un perito selettore che mentalmente è superiore perché in quel momento ha il coltello dalla parte del manico. La tua abilità consiste nel far sì che, una volta che la sua provocazione ti ha raggiunto, tu la afferri e la direzioni verso il tuo obiettivo, come ho fatto io durante l'episodio in cui ho fatto la gaffe delle portaerei o quando sono stato provocato per il mio lavoro di pony express di una pizzeria.

Così non ti imponi all'Universo cadendo battuto, al contrario impieghi la minima energia necessaria determinando la tua riuscita. Per fare questo però hai bisogno di escludere più perdite di energia possibile. Se la tua forza non è precisa nell'intervenire sull'input esterno, rischierai magari di arrivare al risultato voluto ma più lentamente oppure di non arrivarci proprio. Con la pianificazione ciò non si verificherà, poiché essa prevede la costruzione di un percorso passo passo, senza sbavature. In un concorso di mesi le singole sbavature, gli errori di valutazione, le insicurezze, le uscite dalla spirale, si sommano come la palla di neve, come il vento spostato dalle ali di una farfalla, facendo sì che si tramutino in grandi valanghe o trombe d'aria. Sei maniacale, ormai ne sono certo, ma poiché sei umano puoi sbagliare.

L'atteggiamento del vincente che assimili, metabolizzi e applichi, non ti permette di stare troppo a pensare a ciò che è giusto o sbagliato, poiché l'istinto ti porta nella direzione esatta. La tua direzione è quella verso l'idoneo vincitore, colui che quando se n'è presentata l'occasione ha scelto di non perdere tempo, la vittoria è una tua scelta così come la perdita, poiché le tue azioni sono tutte scelte. Anche voler rimanere indietro o non pronunciarsi in merito a un evento è una scelta.

Tu sei idoneo vincitore poiché sfrutti al massimo la tua forza che è mentale. È un concetto pratico, poiché il tuo cervello esiste, è un elemento fisico che ha neuroni, sostanze chimiche e impulsi elettrici che ti comandano e che interpretano quello che vedi. La fisica lo insegna: pensa di misurare una grandezza fisica come può essere la lunghezza di un fiume. L'errore nel risultato finale terrà sempre conto della somma di imprecisioni commesse durante il processo di rilevazione, anche se l'errore è stato minimo.

GLI ALTRI CANDIDATI

"Qual è il suono di una sola mano che applaude?"

- Koan Zen -

Essendo ormai un faro per te stesso e gli altri, l'Universo di persone che ti circonda non può che venire attratto da te. La tua sicurezza e consapevolezza di quello che ti aspetta fa sì che le persone attorno con meno esperienza o con titubanza interiore, interagiscano con te per trarre informazioni. Durante un concorso infatti le lunghe attese portano i candidati a parlare, a discutere e a fare gruppo.

Vuoi o non vuoi, anche in queste situazioni viene fuori il leader, la persona che in quel frangente è più competente poiché sa dare risposte o comunque infonde sicurezza e dimostra autorevolezza. Spesso ho visto candidati esprimere una grande leadership con la loro sicurezza, ma alla fine rivelarsi non vincenti poiché lo stavano facendo solamente per auto-convincersi.

Un po' come quel ragazzo di cui ti ho parlato, che si è rivolto agli altri come se il suo colloquio fosse stato il migliore di tutti. Insomma, durante il concorso, hai a che fare con persone, ma per più tempo con gli altri candidati rispetto allo staff, ergo devi saperti comportare. Ora ti fornirò gli strumenti per imparare ciò in maniera efficacie, sia per non incorrere in problemi che potrebbero escluderti o penalizzarti, sia per non renderti antipatico ai loro occhi.

So che adesso non ti interessa quello che gli altri pensano e che se risulti antipatico è perché ti stai dando da fare e sei concentrato su te stesso, ma non è necessario risultare tale. Non ti conviene poiché in molti frangenti ti devi inevitabilmente affidare agli altri candidati, soprattutto durante le prove di gruppo. Durante le sessioni in cui sei costretto a interagire con loro o addirittura nelle lunghe attese, è indispensabile non essere antipatico. Inutile dirti che l'isolarsi o l'essere poco propensi a socializzare ti conduce alla situazione in cui nessuno ti considera, nessuno ti conferisce fiducia. Non ti getti soltanto negatività addosso, ma – in momenti stressanti come un tirocinio – fa la differenza sulla tua volontà di continuare il percorso che ti sei prefissato.

Per la poca stima nei tuoi confronti, gli altri potrebbero rivoltarsi contro di te e farti fare una brutta figura con chi ti deve valutare, e potresti addirittura abbandonare il concorso. Tienili buoni e comprendi la forza del gruppo. Ricordati che siete tutti sulla stessa barca, tu non sei migliore di loro, ma li ispiri col tuo atteggiamento così da guadagnarne il timone.

Potrai essere la persona migliore del mondo, con l'atteggiamento migliore di tutti sulla faccia della terra, ma se gli altri non hanno stima di te, non riesci a durare abbastanza a lungo, proprio come i tiranni della storia.

Al contrario, le persone che hanno avuto carisma, sono sui libri di storia come coloro che si sono fatti benvolere dal popolo o che hanno avuto successo nell'influenzare chi li ha circondati.

Hai già appreso qualcosa dell'arte della comunicazione, ma ora ti mostro che va imparata e non è innata, va praticata e non solo teorizzata. Ho fatto un condensato apposta per te, per il tuo caso specifico, con 16 consigli sintetici, alcuni li hai già trovati in passato nel manuale mentre altri sono nuovi.

È importante che tu li imprima nella mente per allenarti a diventare un leader così che nessuno all'interno del gruppo possa mettere in discussione la tua integrità, concetto di cui abbiamo già parlato. Scarica *"I 16 comandamenti della comunicazione con gli altri candidati"* su http://www.concorsovincente.it in modo tale da avere in mano uno strumento potentissimo che ti dà la possibilità di farti diventare un "animale da branco". Le persone che avrai attorno durante il tuo percorso saranno migliori grazie a te e tutti lo noteranno.

Otterrai ciò che vuoi in maniera veloce e gli ostacoli si abbatteranno con una sola mossa. L'atteggiamento corretto crescerà in te a causa dei successi provocati dalla tua capacità di comunicare e non ti sarà difficile mantenere la giusta rotta. Ti ho generalizzato che la strada è spianata ma voglio precisarti meglio perché è importante saper comunicare con gli altri.

Immagina un tirocinio, dove tutti i candidati hanno le stesse aspettative che hai tu, dove la maggior parte delle persone pensa di superarti mettendoti i bastoni tra le ruote, dove ogni scusa è buona per mettersi in risalto grazie alla denigrazione delle tue gesta.

Questo è l'approccio con cui la maggior parte delle persone entra lì dentro ed è il più sbagliato perché chi ti valuta se ne accorge. Immagina di essere l'unico pesce d'oro nel tuo stagno, mentre gli altri sono tutti normalissimi pesci rossi. L'oro vale tanto, pensi che ti noteranno? Sì, è testato. Io personalmente ho sempre avuto questo atteggiamento, e almeno il 90% di chi poi ha vinto ha avuto questo atteggiamento.

È vero, anche fra i vincitori c'è qualcuno che mette i bastoni tra le ruote, ma ricorda che un giorno sarete tutti colleghi e non ti converrebbe aver a che fare di nuovo con loro. Conosci la frase *"Il mondo è piccolo"*? Ti posso garantire che è così. Applica quest'ultimo concetto all'effetto farfalla: se il mondo è piccolo e ogni cosa che fai si manifesta in qualcosa di più grande, non ti conviene fare qualcosa di cui un giorno potresti pentirti.

Ho conosciuto tantissimi amici durante quasi 5 anni di concorsi, ho stretto con loro amicizie vere, ci sentiamo ancora adesso al telefono e ho sempre avuto stima di loro, alcuni hanno messo su famiglia, altri sono venuti a mancare. Essere un animale da branco ti serve anche per trovare gli altri "leoni", intendo altri leader come te che hanno la vittoria in testa.

Potresti trovare qualcuno più portato, con magari un livello superiore al tuo poiché già preparato o esperto. A quel punto hai la strada ancora più spianata perché quando è tuo amico, impari ciò che c'è da imparare grazie al suo splendido esempio.

Come ti dicevo, ho conosciuto un ragazzo di 18 anni che nel 2015 insieme a me ha concorso per Allievi Marescialli EI e AM vincendoli entrambi. Nonostante l'età si è dimostrato maturo, questo perché ha saputo il fatto suo.

Stare insieme a lui mi ha aiutato ancora di più che rimanere sull'onda giusta, ho passato 9 giorni di tirocinio spettacolari e sono stato talmente contento che tutto è trascorso con semplicità e tranquillità. Non ho avuto paura ad affermare di fronte al perito selettore che ho conosciuto persone straordinarie di tutte le età e che mi hanno saputo aiutare. Non sono stato l'unico, alcuni sono diventati colleghi e si sono mostrati negli anni per ciò che erano durante quei pochi giorni di tirocinio. Persone incredibili che ancora oggi ringrazio di aver conosciuto, con le quali passerei ancora del tempo insieme e con le quali ancora lo passo.

Hai 3 differenti situazioni in cui applicare ciò che ti ho detto: l'attesa nei tempi morti, le fasi svolte in gruppo e il tirocinio. Durante l'*attesa nei tempi morti,* sei spesso in fila, in corridoi, in sale d'attesa, seduto o in piedi. Il tempo sembra non finire, non hai nulla da fare, spesso, trattandosi di un concorso, non ti è concesso l'utilizzo dello smartphone.

Tieni sempre conto di una cosa: il 90% delle volte in cui sei in queste situazioni ti viene espressamente richiesto di abbassare il tono della voce o addirittura fare silenzio, infatti potresti disturbare chi sta lavorando. Per te quell'indicazione è linfa, bevila e tienila dentro, non andarle mai contro perché potresti realmente venire escluso o penalizzato.

È successo a un concorrente che stava parlando durante l'attesa per un esame delle urine, nonostante fosse stato espressamente richiesto di fare silenzio. Un addetto lo ha indicato a un Ufficiale dello staff come elemento disturbante di fronte a tutti gli altri candidati.

Ricorda che possono utilizzare queste situazioni a loro vantaggio, non dargliene adito, non ti dare la zappa sui piedi da solo. Se qualcun altro intorno a te vuole parlare o schiamazzare, non c'è bisogno di essere duro con lui non rispondendogli o dicendogli di fare silenzio. Basta semplicemente abbassare il tono della voce oppure fargli un gesto con lo sguardo affinché comprenda che non è il caso. Tu non sei lì per giocare e fare gruppo, ma esso è importante per arrivare al tuo scopo, non essere maleducato o antipatico, come direbbero gli inglesi: *"Be polite"*.

Le *fasi svolte in gruppo* sono di due tipi: psico-attitudinali e sportive. Le prime prevedono che tu conferisca di fronte a una platea composta da altri candidati e dallo staff del concorso senza essere interrotto oppure ce ne possono essere altre dove colloqui con un numero ben definito di candidati collaborando con essi in gruppo.

In tutti questi casi non devi strafare, non farti vedere come colui che sa fare più di tutti o addirittura che mostra di saper trascinare il gruppo. Fai semplicemente il tuo dovere: arriva a una soluzione, proponila agli altri, se non viene accettata cerca in modo discreto di dare una spiegazione ulteriore e se infine non viene digerita non insistere perché va bene così.

Lo scopo di quelle sedute non è giudicarti per come sei efficace, per quale soluzione intelligente trovi, ma capire se ti integri nel gruppo, se sei in grado di avere a che fare con le altre persone, se accetti i loro punti di vista e soprattutto se non cerchi di imporre i tuoi come assoluti.

Per le prove sportive invece è molto importante farsi prendere dallo spirito agonistico. Una prova di 2.000 metri di corsa piana, come fare dei piegamenti sulle braccia, pone altre persone al tuo fianco. Queste ti spingono a migliorare se ti ritieni capace oppure a farti trainare se non credi di essere tale. Mi è successo di trainare o di essere trainato.

Il *tirocinio* consiste di alcuni giorni dediti a farti assaggiare la vita all'interno del mondo in cui ti stai proiettando. Dormi, mangi o trascorri il tempo tra un test e l'altro. Il tirocinio potrebbe essere di due tipi: militare o civile.

Nel primo ti viene fornita un'uniforme da indossare durante tutto il giorno e sei soggetto alle regole dell'Istruzione Militare Formale, cioè tutto quell'insieme di norme che descrivono come ti devi muovere (marcia) e posizionare (riposo, attenti, seduto, saluti, ecc.). Nel secondo rimani in abiti civili e non sei soggetto a tutto ciò. Il tirocinio è indispensabile affinché tu comprenda quanto sei direzionato verso l'obiettivo e in particolare se riesci a mantenerti integrato nel gruppo, a guidarlo oppure semplicemente a esserne parte attiva.

Per parte attiva intendo ancora una volta il candidato che fa il suo dovere e basta. Non sei parte attiva se ti mostri volenteroso di fronte agli altri in maniera eccessiva e magari lo fai notare a chi ti deve valutare. Il tirocinio non serve a far vedere che sei più bravo, ma a far capire che hai senso pratico e soprattutto come ti comporti rispetto al gruppo. Vale anche per un tirocinio aziendale.

Mantieni la tua via, rimani un'animale da branco, non ti isolare, fai sì che gli altri abbiano fiducia in te poiché nel momento di difficoltà non ti abbandoneranno e mostrati solo per il tuo valore quando si presenta l'occasione, perché ce ne sono tante.

Da inquadrature ho visto molte volte candidati che ne hanno messi in difficoltà altri poiché volevano risaltare come migliori: ti posso garantire che dal fuori si vede tutto e ne hanno pagato le conseguenze.

Ricorda ancora una volta che se vali non hai bisogno di mettere i bastoni tra le ruote a nessuno, anzi, il primo che cade lo raccogli e lo porti con te al traguardo o vinci da solo per entrambi.

Riepilogo del capitolo 3:

- Segreto n. 1: Sviluppa l'atteggiamento vincente attraverso l'auto-consapevolezza scaturita dal dialogo con i molteplici "te stesso" e affermando il tuo potenziale illimitato, poi crea uno "schermo mentale" affinché le negatività non diventino credenze limitanti. Non dimenticarti dell'Universo rimanendo elastico, utilizzando l'ironia che è un pericoloso mezzo, ma potente se rivolto all'obiettivo.

- Segreto n. 2: Non incolpare l'Universo ma prendi atto del fatto che solo tu pianifichi il tuo viaggio. Pianificando e programmando eviti sbavature, rallentamenti o l'alta probabilità di finire sulla spirale dell'insuccesso. Evolviti esercitandoti, segui *"Il piano perfetto"* e *"Mindset – Il manuale giornaliero"*.

- Segreto n. 3: Raccomandati da solo attraverso la *"forma fisica"* e la *"forma oratoria"* e facendo sì che gli altri ripongano fiducia in te e possano affermare "Questo sarà un collega affidabile".

- Segreto n. 4: Tu sei esperto, ami il fallimento e lo ringrazi come se fosse il successo, poiché più la strada si fa dura, maggiore è il prezzo da pagare e più valore ha ciò che ottieni. Non sei la somma dei tuoi successi, ma dei fallimenti che hai ottenuto per avere successo.

- Segreto n. 5: Tu sei idoneo vincitore, sei la farfalla che fa del suo battito d'ali l'arma più potente che genera tornado dall'altra parte del mondo. Sfrutti al massimo le tue energie pianificando e applicando il concetto *"Massima efficacia e minimo sforzo"*.
- Segreto n. 6: Sei la luce di te stesso e degli altri, soprattutto dei più inesperti o insicuri. Impara a comunicare con loro attraverso *"I 16 comandamenti della comunicazione con gli altri candidati"*.

Capitolo 4:
Come curare la nutrizione e l'attività fisica

TAMARA & MARCELLO IKIGAI

"IKI - GAI" o detto "Senso della vita"
- Cultura orientale giapponese -

L'ideogramma "IKI" esprime il concetto di vita inteso come lo scorrere degli eventi che ti circondano così come li percepisci. Non sappiamo esattamente che cos'è la vita, possiamo definirla per le sue caratteristiche o, per i Giapponesi, attraverso il termine IKI.

"GAI" è la ragione, lo scopo e il senso di essere. Essendo un ideogramma, non ha un significato letterale come possiamo intenderlo noi occidentali, un po' come ti ho spiegato relativamente alla parola "JUDO".

Puoi interpretare IKIGAI come il senso della vita, di esistere o di essere, quel qualcosa che riempie il tuo mondo e che gli conferisce un significato, la gioia di fare le cose che rendono la vita degna di essere vissuta, la soddisfazione e l'appagamento personale, il successo nel raggiungere il tuo centro, per meglio dire il tuo scopo o l'obiettivo che ti sei prefissato. Già da qui puoi capire quanto sia strettamente correlato agli argomenti trattati finora. Io e mia moglie Tamara abbiamo creato *"Tamara & Marcello Ikigai"*, un programma o meglio un ciclo, che volente o nolente ti porta al tuo risultato. L'idea è nata dalla constatazione che entrambi abbiamo ottenuto grande giovamento applicandone i concetti.

È un percorso di assistenza e supporto, una serie di video corsi online, conferenze organizzate o eventi dal vivo o via web in grado di darti ciò che ti serve. Tutto ciò che ti ho rivelato fino a ora è applicato al tuo caso che è stato anche il mio e ha funzionato. Ho applicato "Tamara & Marcello IKIGAI" anche a tante altre persone che hanno giovato di cambiamenti radicali ed efficaci per i loro obiettivi, tutt'oggi siamo presenti con un'assistenza mirata anche sui Social Media.

Nello specifico, per raggiungere un obiettivo è necessario raggiungere il proprio centro attraverso l'intersezione di molteplici aree della vita e le ho racchiuse in 5 differenti aree.

1. *Mente.* Area o capacità da sviluppare per comprende il proprio potenziale attraverso la *"legge della coerenza"* che ti esprimerò successivamente.

2. *Comunicazione.* Area o capacità da sviluppare per raggiungere l'ottimo nell'interazione con sé stessi e con gli altri fuori, nelle relazioni di te con l'Universo. Un esempio è *"Gli altri candidati"*.

3. *Nutrizione mirata.* Area o capacità da sviluppare per il corpo in quanto esso è fatto della stessa natura di quello che gli fai mangiare o meglio che fai entrare in esso; proprio come la mente che decide quali input fa entrare e come. Un esempio è questo paragrafo.

4. *Movimento.* Area o capacità da sviluppare per il corpo nelle sue azioni fisiche di ogni giorno, in maniera più semplice è l'attività fisica. Un esempio è sempre questo paragrafo.

5. *Economia.* Area o capacità da sviluppare per pianificare e amministrare al meglio le proprie risorse: non si intendono per forza soldi, ma mezzi in generale. Esempio: *"L'arte della pianificazione"*.

Tutte queste capacità ti proiettano verso il tuo Ikigai (obiettivo o punto di equilibrio) e appena raggiunto sei inevitabilmente capace di insegnare a qualcun altro a raggiungerlo e diventare d'esempio.

Ti ho detto che la maggior parte dei vincitori di concorsi non sanno i motivi per cui hanno vinto, ma sanno mostrarti come. A differenza loro, io conosco i motivi perché ho sviluppato altre capacità. Ho imparato come funziona la riprogrammazione mentale e altre realtà che loro non hanno mai affrontato. Guarda la mappa qui sotto per comprendere il tutto.

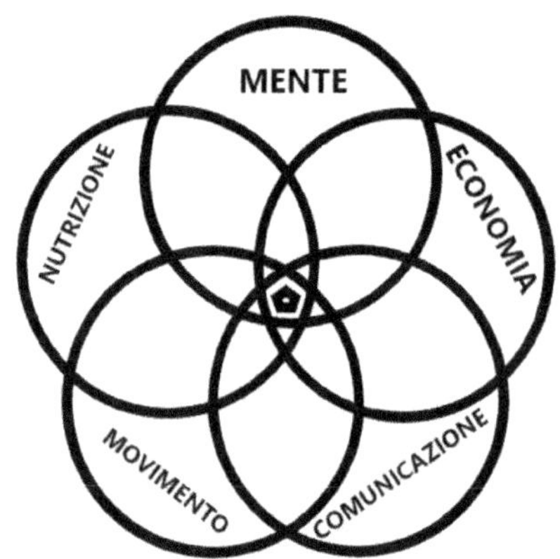

Ogni area è intersecata in ognuna delle altre poiché sono strettamente correlate. Ad esempio, la *"MENTE"* ragiona per permetterti di comprendere l'importanza della *"NUTRIZIONE"* come mezzo per migliorare la tua prestazione mentale. Ogni area comprende delle abilità da sviluppare per raggiungere il tuo Ikigai, infatti, tutte e 5 insieme, nel loro centro, formano il tuo obiettivo o

Ikigai. Nel tuo caso specifico, queste aree comprendono delle capacità che devi sviluppare per arrivare a vincere il concorso. Io ti ho selezionato proprio quelle abilità, che sviluppi attraverso il manuale. Con tale schema puoi sviluppare ogni area della tua vita trovando IKIGAI per ognuna di esse.

Ad esempio, nell'area della *"COMUNICAZIONE"* puoi pensare di raggiungere l'ottimo nelle relazioni sentimentali o quelle coi parenti. Nell'area del *"MOVIMENTO"* puoi sviluppare la capacità di migliorare le tue prestazioni sportive, nell'area *"NUTRIZIONE"* puoi diventare provetto nel perdere massa grassa, aumentare quella magra o mantenerti reattivo e giovane anche con l'avanzare dell'età, in *"MENTE"*, invece, puoi perseguire l'obiettivo (o Ikigai) di sviluppare la tua memoria.

"Tamara & Marcello Ikigai" è tutto questo. Un'assistenza e un supporto mirati a farti avere successo in queste aeree e raggiungere il tuo Ikigai non solo per vincere il concorso, ma anche per raggiungere il tuo Ikigai nella vita stessa. Ricordi quando in *"L'arte della pianificazione"* abbiamo parlato di incapacità nel vedere l'obiettivo fino a che non pianifichi e non assimili il giusto atteggiamento? Ecco, per raggiungerlo è necessario che qualcuno che lo ha già afferrato ti mostri come. Già ti ho detto che se ci riesci puoi anche insegnarlo. Pensa alla mia storia personale, dove sono venuto a conoscenza di cose che hanno fatto la differenza per vincere solo un passo alla volta, costandomi anni.

Puoi pensare di fare tutto da solo, ma comunque si tratterebbe di provare, sperimentare, parlare con altri e inevitabilmente incontrare situazioni o persone (Universo) che ti mostrano solo un pezzettino alla volta. Un pezzo di puzzle alla volta ti fa perdere altri soldi, tempo ed energie. Da solo non riesci, ma se trovi qualcuno che ce l'ha fatta, che ti sa mostrare il motivo e ti supporta, sei in grado non solo di raggiungere il tuo Ikigai, ma anche di mantenerlo per sempre.

La paura più grande che ho affrontato non è mai stato il singolo ostacolo o il pensiero di non riuscire, ma l'eterna e costante idea che una volta raggiunto uno standard non sarei stato in grado di mantenerlo. Perdi 80 Kg e poi come fai a mantenere il peso forma? Semplice, ci vuole qualcuno che non solo ci sia riuscito, ma che sia in grado di spiegarti il motivo e le capacità che ha sviluppato nelle 5 aree.

Sono sincero, c'è stato un periodo di 4 anni dalla vittoria del concorso in cui ho ripreso oltre 40 Kg, esattamente poco prima di scrivere questo libro. La perdita di un obiettivo ormai raggiunto e la quasi totale assenza di motivi per cui stare meglio, mi hanno trascinato nella spirale dell'insuccesso.

Attraverso il supporto di chi mi ha saputo mostrare, anche con il suo esempio, come mantenere l'assetto mentale e il regime nutrizionale che avevo prima della vittoria, mi sono ripreso in poco tempo dando a molti altri la possibilità di cambiare la loro vita. Prendendo spunto da ciò è nato questo manuale, per rispondere ai tuoi dubbi e supportarti fino alla vittoria attraverso le mie esperienze vincenti. Lavora sul corpo.

I nutrienti

Il 70% di quello che sei ora dipende da ciò che mangi. La genetica, il fumo, l'alcool, lo smog o molte delle cose che tu pensi incidono, messe tutte assieme, per circa il 30% dei casi. Secondo l'*Organizzazione Mondiale della Sanità (OMS)*, 7 visite mediche su 10 dipendono da cattiva nutrizione, che è causa di *mal di testa, problemi di stomaco o intestinali, caduta di capelli, allergie, depressione, deficit di attenzione o iperattività, perdita di tono muscolare, sottopeso, mancanza di energia, cattivo umore, artrosi e reumatismi, problemi di pelle, alcuni tipi di tumori, osteoporosi, insonnia, sovrappeso e problemi cardiovascolari.*

Circa 1 su 3 delle malattie cardiovascolari e dei tumori possono essere evitate grazie alla corretta nutrizione. Nel sovrappeso le conseguenze sono: *diabete di tipo 2, malattie cardiovascolari, problemi di respirazione, alle articolazioni, psicologici e di cattiva qualità di vita.*

Dividi il concetto di *"alimenti"* da quello di *"nutrienti"*. I primi indicano tutto ciò che mangi e che ti piace, i secondi sono ciò che ti serve e che ti nutre. Non sempre tutto ciò che ti piace è nutriente. I nutrienti sono costituenti chimici degli alimenti, necessari al mantenimento e allo sviluppo dell'organismo.

Puoi produrli da solo attraverso i processi chimici del tuo corpo oppure li introduci con gli alimenti. Alcune delle sostanze che produci in maniera autonoma possono comunque non soddisfare le tue esigenze nutrizionali poiché non sono abbastanza in quantità.

Per vivere hai bisogno dei seguenti gruppi di nutrienti: *proteine, carboidrati (tra cui le fibre), grassi sani, vitamine, sali minerali, fitonutrienti e acqua.* Sappi solo che esistono i *LARN*, tabelle dove sono presenti i valori dei *"Livelli di Assunzione di Riferimento di Nutrienti ed Energia"* in Italia. Riportano *sostanze nutritive* e *calorie* (unità di misura che determina la quantità di energia fornita dagli alimenti al corpo) che soddisfano il tuo fabbisogno giornaliero e sono la fonte più attendibile.

Quasi in tutti i generi alimentari venduti riportano in etichetta le quantità di sostanze che sono contenute nel prodotto in questione e anche la sua *"RDA - dose giornaliera raccomandata"* (quanto quel cibo soddisfa le tue esigenze giornaliere).
Quando vai al supermercato e prendi un barattolo di salsa di pomodoro, vi è stampata una tabellina con riportata la quantità di sostanze nutritive (grammi) e l'energia (Kcal) che ha una determinata quantità di quel prodotto e con che percentuale soddisfa il tuo fabbisogno giornaliero "RDA".

Esempio - Etichetta lenticchie rosse per 100 grammi di prodotto secco con *RDA

Energia	332 Kcal	16,6%
Grassi	2,3 g	3,3%
di cui Acidi grassi saturi	0,4 g	2,0%
Carboidrati	48,3 g	17,9%
di cui zuccheri	1,3g	1,4%
Proteine	22,5 g	45,0%
Fibre	13,9 g	55,6%
Sale	0,011 g	0,5%

Alcuni siti internet, applicazioni per smartphone o computer, inserendo il pasto che hai mangiato, ti informano sulle sostanze che hai assunto e la loro quantità. In base a ciò ti restituiranno anche il valore di quelle che ti mancano per raggiungere il minimo che ti serve: RDA.

Tutti questi strumenti nascono grazie all'esistenza dei LARN, poiché calcolano questi valori in relazione a essi. La prima volta che sono venuto a conoscenza di questo è stato all'Università, quando ho conosciuto alcuni professori presso la facoltà di medicina. Non mi è stato difficile prendere queste tabelle e vedere di che cosa avrei avuto bisogno ogni singolo giorno. Sono rimasto sconcertato dalla quantità di cibo che avrei dovuto ingerire per arrivare a determinati standard, senza contare la spesa da affrontare, il tempo da spendere per prepararmi i pasti e la quantità di calorie totali che sarebbe stata ben più grande rispetto al mio RDA.

Le calorie in eccesso comportano aumento di massa grassa accumulata nel corpo. Devi comprendere che il tuo fabbisogno giornaliero aumenta ancora di più con la vita frenetica, lo stress che affronti, gli allenamenti e lo studio. Ti invito adesso a consultare i LARN, così capisci cosa intendo.

Impoverimento dei cibi, inquinamento e assimilazione incompleta

Sono venuto a conoscenza che i cibi sulle nostre tavole non hanno neanche tutte quelle quantità di nutrienti che in teoria dovrebbero avere. Vi sono dei fattori che possono far sì che queste sostanze diminuiscano drasticamente o addirittura vengano totalmente perse dai cibi: *conservazione, cottura e impoverimento dei terreni.* Ci sono due tipi generali di metodi di conservazione: quelli delle aziende produttrici e quelli domestici.

Per i primi basti pensare che c'è della frutta e della verdura che viene raccolta fino a una o due settimane prima della maturazione, periodo in cui si sviluppano la maggior parte dei nutrienti; la raccolta anticipata garantisce una durata maggiore per il trasporto, mentre con il congelamento e il successivo scongelamento le aziende ci garantiscono di avere ciò che noi vogliamo, cioè tutta la frutta e la verdura per tutto l'anno, che però perde in questo modo la gran parte dei nutrienti.

Per ciò che concerne noi, nelle nostre case, pensiamo alla conservazione attraverso marmellate, composte o congelando a nostra volta e cuocendo i cibi: alcune vitamine vengono completamente distrutte.

Pensa anche all'impoverimento dei terreni che non danno alle piante sostanze nutritive a causa dello sfruttamento intensivo. Oltre alla perdita di nutrienti dobbiamo pensare che i cibi contengono sostanze non utili o nocive: gli animali degli allevamenti tendenzialmente sono soggetti ad antibiotici e ormoni che si accumulano nelle cellule adipose che poi tu ingerisci e altrettanto i pesticidi per la coltivazione di frutta e verdura.

Anche l'inquinamento si aggiunge alle sostanze nocive suddette. Esistono dei fattori che fanno sì che tu necessiti di maggiori quantitativi di nutrienti rispetto alla dose minima consigliata dai LARN: *fumo, uso di bevande alcoliche, vita sregolata, stress, lavoro, studio, digestione, sport, sesso, età* e altri.

Devi anche comprendere che le sostanze nutritive vengono in parte espulse dal tuo corpo durante la digestione. Insomma, il cibo non è più quello di una volta, tu hai le tue specifiche esigenze e se pensi che l'orto del nonno possa soddisfare il tuo RDA, consulta i LARN e ti accorgerai che non è proprio così.

Quando e come assumere i nutrienti

La colazione è il pasto più importante della giornata poiché la tua "macchina corpo" ha bisogno del carburante prima di partire. Non essere mai in carenza durante la giornata mantenendo ottimale la tua curva glicemica. Grazie a una sana nutrizione e a una colazione equilibrata ottieni una curva glicemica ottimale: la quantità di zuccheri nel sangue è stabile e non ha picchi.

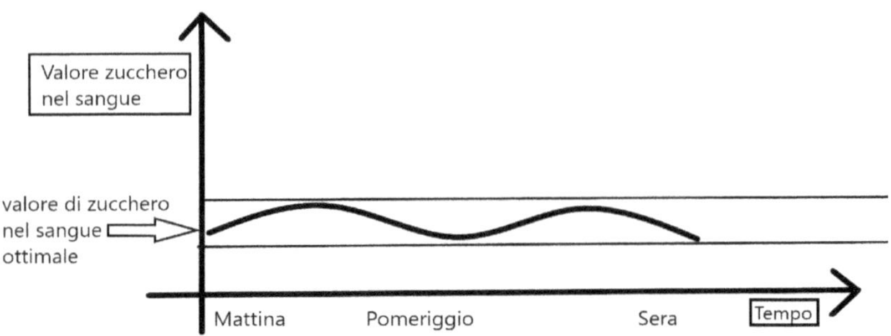

È importante mantenerla in questo stato per evitare di cadere nei problemi fisici che ti ho esposto essere riscontrati 7 volte su 10. Nel momento in cui mangi, i carboidrati (o zuccheri) entrano in circolo nel sangue e l'insulina prodotta dal pancreas ne abbassa il livello e favorisce la sensazione di sazietà.

Ecco la colazione tradizionale: *latte, biscotti, cornetto, cappuccino, tè, fette biscottate, cereali e müesli anche integrali, caffè zuccherato o meno, colazioni salate con focacce e pizza, marmellate, composte e spremute di frutta.*

Questi cibi non hanno sufficienti nutrienti sani come fibre, proteine, vitamine e sali minerali, ma hanno un eccesso di zuccheri raffinati, carboidrati complessi, grassi saturi, caffeina e sale. Così la curva glicemica ha un *"picco insulinico"*, poiché gli zuccheri raggiungono il sangue.

L'insulina risponde abbassandone drasticamente il valore (vedi *"Ipoglicemia")*, e a metà mattina o anche entro un'oretta dalla colazione si possono percepire: *senso di fame, stanchezza, mal di testa, giramenti di testa, spossatezza, cali di energia, sonno, cali di concentrazione e lucidità mentale.*

Puoi arrivare a pranzo con questi sintomi, magari lavori e non hai tempo di cucinare, così tiri fino a cena, quando svuoti il frigo a causa del fatto che sei costantemente in carenza di nutrienti sani (fase di ipoglicemia). Anche se sei un soggetto che non ha molto appetito, sappi che la curva glicemica agisce anche per te.

Dopo pranzo è tipica la sonnolenza, che spesso dura fino al pomeriggio inoltrato. Magari cerchi di eludere il problema mettendo un caffè qua e là per darti energia, peccato che la caffeina non dà i risultati desiderati perché se senti qualcosa è a causa dello zucchero presente all'interno di esso e solo nei primi minuti. Prendendo il caffè non zuccherato le cose non cambiano.

Alcuni mangiano qualche cracker, un frutto, qualche galletta di riso soffiato o altro, senza sapere che in realtà sono per la maggior parte zuccheri che continui a introdurre e che non smorzano la fame, anzi, la possono aumentare.

Questo andamento è incostante e lo sbalzo glicemico repentino a lungo andare porta alle sensazioni fisiche e ai problemi di cui ti ho parlato relativamente alle 7 visite su 10. Guarda cosa accade alla curva con una colazione tradizionale.

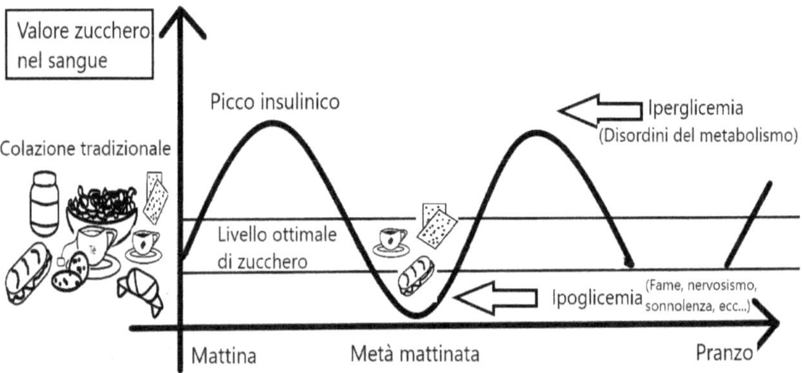

Chi non fa la colazione parte in deficit, rimandando a più avanti l'inevitabile "sali e scendi" con caffè e cibi ricchi di carboidrati.

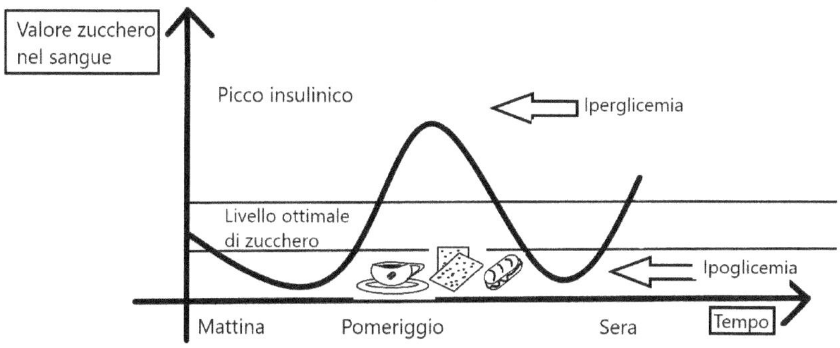

Per ovviare a tutto ciò, prendendo l'esempio di una colazione equilibrata basandosi sulle tabelle nutritive e studi accertati, dovresti assumere solo per la colazione i seguenti alimenti: *1 fragola, 2 ciliegie, spicchio d'arancio, 1 quarto di 1 kiwi, 1 terzo di 1 banana, 1 terzo di 1 mela, 1/8 di pera, 2 cucchiaini di olio di oliva, 2 nocciole, mezza noce, 1 mandorla, 3 pinoli, mezzo anacardo, 8 fagioli, 4 lenticchie, 3 ceci, 7 piselli, 1 fetta di bresaola, mezza fetta di prosciutto cotto, 1 costina di maiale magro (25 grammi), 1 coda di rospo, 1/4 di uovo (1/3 bianco, 1/2 tuorlo), 12 semi di soia, spinaci, altre due forchettate di fagioli e 7 rigatoni.*

Come vedi sarebbe impossibile economicamente assolvere a una tale spesa ogni giorno solo per la colazione, non avresti abbastanza tempo per prepararti tutto ciò e le calorie assunte sarebbero eccessive, senza contare la pesantezza sullo stomaco di tutta quella mole di cibo. Le vite sregolate che affrontiamo, ma soprattutto la tua esigenza di essere pronto e attivo fisicamente e mentalmente per tutto il periodo del concorso, non ti permettono di affrontare questa situazione, è la nuda e cruda realtà.

Abbiamo eccessi in cibi raffinati e di facile consumo e carenze in cibi carichi di nutrienti, la mia non è una supposizione, è guardare la realtà dei fatti. Il 75% degli Italiani dichiara di non avere abbastanza energie per affrontare la giornata, mentre il 50% è sovrappeso.

La soluzione

Ora che conosci la realtà dei fatti, voglio farti presente la soluzione che ormai tutti conoscono, che è divenuta una necessità e che già è sfruttata soprattutto da sportivi e astronauti in maniera massiva: l'utilizzo di integratori alimentari. Appena ho incontrato questa opportunità sono stato molto scettico, perché ho creduto non fosse necessario, ma viste tutte le informazioni che ti ho fornito, non ho potuto che provare.

Accostare una dieta sana all'integrazione alimentare mi ha cambiato letteralmente il modo di affrontare il concorso. La nutrizione durante un concorso è questione di pratica perché non puoi perdere tempo a prepararti tutto e non puoi mettere in difficoltà chi lo può fare per te. Pensa anche alla spesa economica e la capacità di digerire tutto quel pasto.

Ecco il segreto cui mi riferivo. Gli sportivi sanno bene che per rimanere leggeri e assumere ciò che gli serve, sono necessari gli integratori alimentari. Secondo il Ministero della Salute: *"[...] Gli integratori alimentari sono prodotti alimentari destinati ad integrare la comune dieta e che costituiscono una fonte concentrata di sostanze nutritive [...]"*.

Io utilizzo una linea di integratori che è sul *"Prontuario degli Integratori"* del Ministero della Salute, poiché garantiti. Consiglio di affidarti solo ad aziende produttrici i cui integratori sono in esso e che facciano parte di associazioni riconosciute dalla legge per tutela del consumatore. Due organizzazioni accertate sono AIIPA e AVEDISCO, vai a informarti su di esse.

Fatti consigliare chiaramente da un medico specialista se hai controindicazioni nell'utilizzare degli integratori alimentari, anche se ho seri dubbi perché si tratta di cibo, non di medicinali. Io li utilizzo ancora, ma integrando arrivo al mio quantitativo giornaliero poiché mi basta leggere l'etichetta dell'integratore senza fare i conti.

Devono essere di qualità, perché è necessario che il corpo li assimili velocemente e li metabolizzi il prima possibile per essere pronto ad allenarti e ad affrontare la giornata.

Non ti dico che l'integratore è l'unica soluzione, ti dico che io l'ho introdotto perché si sposa con i concorsi e con le vite che tutti conduciamo. Nel tuo caso è una mano santa perché ti permette di arrivare a un alto standard di prestazioni mentali e fisiche senza sforzo economico, mentale e sprechi di tempo.

Secondo i LARN del 2014, la quantità di proteine che devi assumere è di circa 0,9 grammi ogni kg del tuo peso corporeo. Questa quantità varia se fai sport, se ti muovi molto durante la giornata, se sei stressato, ecc.

Là fuori ci sono molti miti e false leggende in cui gli altri credono. Per esempio, che bisogna diminuire o eliminare i carboidrati la sera, sfondarsi di carboidrati la mattina o addirittura non fare colazione. Per me non è mai stato così e lo confermano gli studi di fonti accertate, comprovate e competenti. Siamo programmati affinché tutto il giorno ci venga fornito il carburante per affrontare tutta la giornata.

A ogni pasto si deve assumere ognuno dei nutrienti, poiché in sinergia tra loro riescono a mantenere ottimale il livello di zucchero nel sangue e a garantirti una corretta digestione. Estremizzare, non mangiando pane, pasta o cereali la sera, convinti che ci siano dentro i "carboidrati cattivi", produrrebbe un aumento di proteine contenute in pesce, uova, carne e latticini rispetto a quelle contenute nei cereali.

Questo è uno scompenso e io lo evito, come l'opposto, cioè evito di mangiare cibi contenenti proteine durante gli spuntini e a colazione (il solito cracker o frutto di metà mattina). Ci sono cose che vanno fatte ogni giorno e come disse Jim Rohn: *"Mangiare sette mele la domenica sera invece che una al giorno semplicemente non produrrà l'effetto desiderato"*.

Dai uno sguardo a *"La mia dieta per il concorso"* su http://www.concorsovincente.it . Non sono un medico, quindi ti invito a fare riferimento a qualcuno di competente, ma se vuoi prendere spunto da ciò che io faccio e ho fatto ne sei liberissimo, nessuno può mettere in dubbio la mia esperienza e quella di tante persone che ho già aiutato. Non ti affidare a sportivi qualsiasi, all'amico o a chi non lo fa di mestiere, fatti controllare e guarda come realmente puoi applicare quello che ti ho detto finora.

Attività fisica

Non spenderò troppe parole al riguardo poiché già ne abbiamo parlato a sufficienza, sappi solo che puoi trovare alcuni consigli utili in *"Attività fisica mirata"* su http://www.concorsovincente.it

Il tuo centro

"Tamara & Marcello Ikigai" non è soltanto una ricerca della corretta nutrizione, ma un ciclo. Sono tutte le conoscenze pregresse che ho acquisito in quasi 30 anni di pratica del judo, nello studio delle arti orientali, del marketing online e della vendita, della nutrizione, delle scienze sociali e politiche, e tutto ciò che posso fare per rendere la mia vita migliore, così come quella degli altri.

Ho imparato anche quando ho inquadrato i candidati e gli allievi per quasi tre anni. Tutto nella vita mi ha insegnato ma poiché seguo solo fonti accertate, tanto oggi quanto ieri. La cosa che fa la differenza e che mi dà la possibilità di continuare a fornire questo servizio è la costanza nel formarmi e aggiornarmi. Il mio intento principale è riuscire a far sì che tu sia aggiornato e pronto per le ultime realtà dei concorsi e di ciò che mi compete.

Attenzione, la mia non è la figura del "tuttologo", ma al contrario di colui che si serve dei competenti per cambiare la sua vita e quella di tutti coloro che sono disposti ad ascoltarlo. Ci sono passato e mi permetto di mostrarti come io ho risolto la situazione e come ciò che ho fatto è comune agli altri vincitori. Riuscire a farti comprendere i concetti e le realtà che ti ho esposto, farti fare gli esercizi, ma soprattutto crearli, mi ha dato la consapevolezza ancora più radicata di prima che la pratica è impagabile. Quando vinci il concorso, anche tu diventi un esempio per qualcun altro e puoi tranquillamente permetterti di spiegare come hai avuto successo sottolineando gli elementi fondamentali che ti hanno portato alla vittoria.

Queste caratteristiche le hai evidenziate nel tuo percorso, le fai risaltare, non sei semplicemente uno di quelli che ha un grande potere dentro, ha vinto il concorso, ma non è in grado di spiegare il motivo vero e profondo per cui lo ha fatto. Alla fine del tuo ciclo trovi il tuo centro, il tuo Ikigai provvisorio che dà un senso temporaneo alla tua spirale, ma che per fortuna non è l'unico, perché la vita è mutevole e dunque lo è anche il suo centro.

Riepilogo del capitolo 4:

- Segreto n. 1: Il tuo *IKIGAI* è l'insieme delle capacità che apprendi per vincere il concorso. Centralo intersecando abilità mentali (riprogrammazione mentale), nutrizionali (nutrizione mirata per il tuo caso), cinetiche (allenamento mirato per il tuo caso), relazionali (comunica in modo vincente con te stesso e l'Universo) ed economiche (pianifica a tavolino la tua vittoria).

- Segreto n. 2: Assumi tutte le sostanze nutritive durante la giornata affinché la curva glicemica non abbia squilibri.

- Segreto n. 3: Il cibo che mangiamo non è più quello degli antenati poiché è generalmente più povero di nutrienti e inquinato. Le vite sregolate, lo stress, lo sport, la preparazione per un concorso e altri fattori incidono sull'assunzione di nutrienti utili, così da rendere difficile il raggiungimento dell'RDA. Ci sono eccessi in zuccheri raffinati, carboidrati, caffeina, grassi saturi e sale a discapito di proteine, fibre, acidi grassi sani, vitamine, sali minerali, fitonutrienti e acqua.

- Segreto n. 4: L'integratore alimentare è cibo che colma queste lacune, risultando pratico, economico, sano e garantito.

Capitolo 5:
Come superare i test di cultura e psico-attitudinali

"Maggiore è l'ostacolo, maggiore è la gloria nel superarlo."
- Molière -

Da bando di concorso e da pianifica sai esattamente che cosa ti aspetta sul tuo percorso. È venuto il momento di darti consigli pratici su come affrontare la preparazione a prove che non ti insegnano a scuola, cioè quelle psico-attitudinali e di cultura, sia orali che scritte. Hai visto esempi, capito che l'atteggiamento è tutto, ma dato che sei arrivato fino a questo punto del manuale, sei abbastanza pronto, ma soprattutto ti meriti ancora qualche regalo.

Già ti ho rivelato che secondo me non è giusto pagare migliaia di euro per frequentare scuole o corsi ad hoc per superare un concorso, l'unico strumento che hai sei tu, ma soprattutto ora sei in grado di comprometterti senza dover tirar fuori cifre del genere. Voglio darti la possibilità, perché se io avessi dovuto affrontare quelle cifre non avrei neanche potuto cominciare. Ciò è per chi non ha fondi economici o non vuole sfruttarli anche se li ha. Gli Enti pubblici, così come i posti di lavoro privati, sono per tutti, sono una speranza e una certezza per migliaia di giovani italiani come te e me: la meritocrazia deve prevalere. Non ho affidato il mio futuro in mano a scuole che sicuramente sono preparate ma che possono garantire solo a pagamento.

Se io e tanti altri ce l'abbiamo fatta senza spendere tutti quei soldi, allora puoi essere sicuro che ce la fai anche tu. Le banche dati dove sono riportati i quiz e gli argomenti delle prove sono pubblicati sia in allegato ai bandi, sia su siti internet attendibili e soprattutto presso le Università pubbliche e i loro portali online, poiché queste ultime producono il materiale in oggetto. I test psico-attitudinali non sono altro che una serie di quiz a scelta multipla, di prove scritte o orali che provengono da queste fonti.

Navigando sul web non ti sarà difficile trovare tutto gratuitamente. Più avanti, ti regalo alcune informazioni preziosissime sulle quali sono basati i criteri coi quali vieni valutato e infine ti elenco gli strumenti psicologici che vengono utilizzati per una lista di test scritti che con una probabilità altissima devi affrontare. Ti voglio anche mostrare come studiare in maniera efficace e nel minor tempo possibile attraverso delle tecniche scientifiche sperimentate e approvate da me e da altri vincitori di concorsi, senza contare che ti spiego nel dettaglio come trovare il materiale, tutto ciò con esempi e testimonianze reali.

La PA cambia modalità concorsuali e argomenti in modo dinamico di anno in anno per render conto alle realtà storiche del momento. Tutto può mutare anche in corso d'opera, ma ti ho preparato mentalmente per affrontare qualsiasi cambiamento. Puoi trovare tantissimi materiali là fuori che ti aiutino a capire che comportamento tenere durante un tirocinio o un colloquio, cosa studiare per un quiz o una qualsiasi prova, ma nessuno sarà così concentrato ed efficace come questo manuale.

Nessuno ha mai affrontato temi relativi a concorsi pubblici in questo modo, me ne rendo conto perché ci sono passato e capisco il tuo punto di vista. Un libro pieno zeppo di testimonianze e di episodi di successo realmente accaduti, ecco di cosa hai bisogno. Non necessiti di teorie accademiche o esempi da quattro soldi schematici e teorici senza né capo né coda. Non hai bisogno del "professorino" che ti spiega la lezione. Ti renderò consapevole per affrontare con sicurezza la variabile non pianificata.

Test psico-attitudinali

Adesso viene il momento di capire quanto il tuo atteggiamento sia in linea con la teoria didattica dei test che devi sostenere. Esistono test *psicologici* e *attitudinali* che insieme formano i test cosiddetti *"psico-attitudinali"* di cui abbiamo tanto parlato. I test psicologici sono studiati per capire la tua personalità e possiamo definirli anche *"test di personalità"*.

Quelli attitudinali sono formulati per comprendere le tue capacità di riflessi, mnemoniche, di prontezza visiva, logiche e matematiche. Nei test attitudinali esiste il *"Questionario Biografico Informativo"*, volto a conoscere la tua storia in termini di situazione anagrafica, familiare, professionale, scolastica e sentimentale, i tuoi valori e ideali, i tuoi motivi e il tuo obiettivo.

Per comprendere nello specifico cosa sono esattamente, leggi "Test psico-attitudinali" su http://www.concorsovincente.it . Qui sono riportati non solo la loro funzione ed entità, ma anche l'elenco dei possibili test. Troverai i test di *"Logica Meccanica"*, *"Minnesota"* e molti altri.

Metodi rievocativi

Magari sei una persona portata per studiare, non hai dubbi su cosa fare, magari hai problemi seri oppure più semplicemente non sai da che punto iniziare. Non è importante il tuo punto di partenza poiché ti mostro come riuscire a imparare nel minor tempo possibile e con la massima efficacia i quiz a scelta multipla e le prove orali, che siano di cultura o psico-attitudinali.

Tieni bene a mente che hai bisogno di due cose: capacità di ricordare e metodo di studio. Entrambe sono facce della stessa medaglia, poiché se hai metodo non avrai problemi a rievocare i concetti voluti nella tua mente al momento giusto. Anche qui ti aiuti con l'inconscio poiché esso imprime immagini e sensazioni quasi indelebili nella tua memoria, mentre il conscio dimentica velocemente.

Nella vita di tutti i giorni tendi a ricordare le cose che più ti piacciono o che ti lasciano un segno: entrano in quella parte della mente inconscia che ne costituisce l'85%. Lo hanno fatto velocemente grazie al fatto che hai provato sentimenti, hai coinvolto i sensi e ne hai dato una spiegazione razionale. Lavoriamo di nuovo su questo perché ti troverai di fronte a dubbi, bivi o incertezze.

In prima battuta utilizza l'approccio del vincente, colui che indipendentemente dalla domanda, conosce già la risposta, in seconda lavora per associazioni di immagini, suoni, odori, sentimenti, assonanze tra le parole e immagini mentali che coinvolgano tutti e 5 i tuoi sensi, la tua ragione e le tue emozioni. Voglio regalarti i *"7 metodi della rievocazione"* che ti servono a imprimere nella tua mente nozioni e rievocarle a tuo piacimento. Scaricali su http://www.concorsovincente.it , sfrutta istruzioni ed esempi forniti.

I 4 algoritmi del perfetto metodo di studio

Ora che conosci questi potenti mezzi per imprimere nella tua memoria dei concetti, ti mostro il metodo di studio. Consiste in un elenco di operazioni da compiere in ordine. Ho diviso il tutto in *"I 4 algoritmi del perfetto metodo di studio"* che sono: *"Quiz a scelta multipla di cultura – I 13 gradini verso la realizzazione"*, *"Prova scritta e orale di cultura – I 30 passi dello studente acculturato"*, *"Quiz a scelta multipla psicoattitudinali – 8 salti, 3 coordinate e legge della coerenza"* e *"Colloqui psico-attitudinali e tirocinio – Sia solo che in gruppo sii d'esempio per te stesso"*. Li ho differenziati perché ti voglio dare una sequenza dettagliata di operazioni applicabile a ogni caso specifico.

Esegui le istruzioni in ordine e non uscire dal seminato perché tutto è studiato appositamente per te. Scaricali da http://www.concorsovincente.it , sfruttali a pieno e diventa vincitore. Voglio portare alla tua attenzione un concetto fondamentale che si evince dal quarto algoritmo: *"Legge della coerenza"*. Essa esprime come mantenere il giusto atteggiamento sempre e comunque, anche sotto pressione o di fronte a dubbi.

Legge fondamentale della coerenza

La *"Legge fondamentale della coerenza"* afferma che la coerenza è data dal ciclo *"Credenze → Azioni → Risultato → Feedback → Nuove Credenze" (atteggiamento)* che plasma gli *input* provenienti dall'*Universo* ma indipendentemente da esso, servendosi della

"Griglia Interpretativa" *(5 sensi, emozioni e ragionamenti)* in maniera rivolta all'obiettivo e che ripeti nel tempo *in maniera pianificata*. Tale legge implica *4 capacità*:

Elasticità, cioè modellare l'Universo indipendentemente da esso ma tenendone comunque conto ammettendone la sua incalcolabile infinità e indefinibilità.

Cultura, cioè, essendo elastici, ammettere la necessità di poter sempre imparare qualcosa di nuovo.

Integrità, cioè manifestare coerenza indipendentemente dal fatto di essere soli, in gruppo o immersi in un Universo piuttosto che in un altro (contesti differenti).

Purezza, cioè manifestare integrità sempre e comunque anche in casi estremi.

Tieni presente questa legge e applicala per ogni tuo passo del cammino verso la vittoria, non potrai che rimanere soddisfatto.

Riepilogo del capitolo 5:

- Segreto n. 1: La PA può variare il concorso nelle modalità previste da bando in base a molti fattori, con l'applicazione del manuale non sei mai preso di sorpresa.

- Segreto n. 2: Generalmente ti trovi ad affrontare test di tipo psico-attitudinale e di cultura, sia in forma scritta che orale. I primi sono di personalità e di attitudine, mentre i secondi riguardano le materie di studio previste dal bando di concorso.

- Segreto n. 3: Per affrontarli ci vuole un modo pratico per studiare (*metodo di studio*) e rievocare alla mente i concetti che ti servono quando vuoi (*7 metodi della rievocazione*).

- Segreto n. 4: Nel caso dei *test psico-attitudinali* serviti delle liste e delle istruzioni utili che ho preparato per te. Devi sapere che puoi reperire tutti i test che ti ho elencato sia dalle Università che dai laboratori competenti.

- Segreto n. 5: Nei test di cultura e psico-attitudinali hai bisogno de *"I 4 algoritmi del perfetto metodo di studio"*. Ricorda la *"Legge fondamentale della coerenza"* per non uscire mai dalla spirale vincente.

Conclusione

Ora sei padrone del concorso e lo vinci. Non voglio creare un capitolo in cui ti spiego una metafora o un discorso retorico riguardo la forza e il potere che ci sono dentro di te. Ancora una volta sarò pratico regalandoti delle mappe attraverso le quali ti sarà possibile ripercorrere tutto ciò che abbiamo visto fino adesso in maniera veloce e quando più ne hai bisogno.

Per ogni capitolo ho creato un riepilogo apposito assieme ai vari esercizi cui ti ho indirizzato via web. Così la consultazione del manuale è più veloce, perciò guarda questa conclusione come il *"Riepilogo dei riepiloghi"*. Non ho voluto, non voglio e non vorrò mai insegnarti qualcosa, ma più semplicemente voglio condividere con te la mia esperienza, i gradini che mi hanno portato al successo e i punti in comune che ho evidenziato con gli altri vincitori.

Voglio lasciarti solo con le mappe conclusive che racchiudono il tuo percorso o meglio le abilità che devi apprendere. Con esse puoi scorgere vividamente come in realtà raggiungi il tuo Ikigai specifico di questo momento (vittoria del concorso), attraverso l'acquisizione delle abilità che corrispondono ai 5 capitoli, l'introduzione e la conclusione di questo manuale. L'intersezione delle capacità acquisite attraverso lo studio e l'applicazione del manuale è l'obiettivo, rappresentato dal punto al centro di esse. Reperiscile qui con la spiegazione annessa http://www.concorsovincente.it .

Alla fine, una volta visionate, capirai come in realtà raggiungere il tuo Ikigai (la vittoria) è l'intersezione di queste capacità che io ti ho fatto acquisire e che puoi vedere come i 12 passi della tua spirale. Le persone che hanno avuto a che fare con me possono garantirti che hanno ottenuto dei risultati incredibili, piccoli o grandi che fossero. Ti meriti il risultato sperato perché sei arrivato fino a questo punto.

Se ti è piaciuto questo libro e hai piacere a entrare in contatto con me, trovami su https://www.facebook.com/concorsovincente/ https://www.facebook.com/defilippoikigai/. Siamo presenti sui social sia io che mia moglie Tamara o il brand *"Tamara & Marcello Ikigai"*

www.ingramcontent.com/pod-product-compliance
Lightning Source LLC
LaVergne TN
LVHW020319200726
843507LV00012B/2159